창조도시
부산을 깨우다

차례

발간사

Place

마을 전체가 미술작품, 감천문화마을 ▫ 10
산허리를 달리는, 산복도로 ▫ 12
"바다를 향해 달린다, 부산의 항구" ▫ 14
헌 책방을 뒤지는 낭만, 보수동 책방골목 ▫ 16
돗떼기와 깡통시장, 국제시장과 부평시장 ▫ 18
오이소 보이소 사이소, 자갈치시장 ▫ 20
도시의 등대, 용두산 공원 ▫ 22
부산의 오래된 지도, 광복동과 남포동 ▫ 24
원도심 창작공간 또따또가 ▫ 26
문화예술의 공원, 민주공원 ▫ 28
부산시민들의 광장, 부산역 광장 ▫ 30
항구도시의 이야기가 집약된 초량 외국인 거리 ▫ 32
도시의 섬, 매축지 마을 ▫ 34
부산진역, 폐쇄된 驛舍 (역사)의 화려한 부활 ▫ 36
백수들의 실험실, 생각다방 산책극장 ▫ 38
독립영화 마니아들의 아지트 국도&가람예술관 ▫ 40
대연동 문화골목, 문화공간과 상업공간의 짜릿한 어울림 ▫ 42
라이브공연과 교류의 무대, 경성대 클럽거리 ▫ 44
가치를 다시 묻는 청소년들의, 인디고 서원 ▫ 46
오륙도와 광안대교를 한눈에, 이기대 갈맷길 ▫ 48
광안리의 속살 ▫ 50
문화매개공간 쌈, 작은 공간 큰 이야기 ▫ 52
해운대 해수욕장과 달맞이고개 ▫ 54

대한민국 현존하는 最古(최고: 가장오래됨)의 종합 서점, 영광도서 ▫ 56
서면에 서면, 클럽 문화 ▫ 58
다시 찾은 하야리아 부대와 부산시민공원 ▫ 60
초대형 전통시장, 부전시장 ▫ 62
누구나 주인인 곳, 공간초록 ▫ 64
문화가 흐르는 온천천 ▫ 66
한국 그래피티의 역사를 가로지른 온천천 ▫ 68
청년들의 무대가 되다, 부산대 거리문화 ▫ 70
금정예술공연지원센터와 장전커넥션 ▫ 72
유쾌하게 지역을 D.I.Y하는 생활기획공간 통 ▫ 74
자연과 역사를 품은 금정산 ▫ 76
구포시장과 구포국수 ▫ 78
낙동강에서 불어오는 문화 바람 ▫ 80

Play

대천천의 풀뿌리 네트워크들 ▫ 84
반송을 사랑하는 사람들의 반송희망세상 ▫ 86
아이들에게도 어른들에게도 좋은, 금샘마을공동체 ▫ 88
민족을 넘어 평화를, 아시아공동체 학교 ▫ 90
동행의 교육터 온새미 학교 ▫ 92
거침없는 우다다학교 ▫ 94
젊은 예술로 도시를 채워라, 2011 부산회춘프로젝트 ▫ 96
여기가 중심이다, 2012 부산청년문화수도 프로젝트 ▫ 98
젊은 아이디어로 부산을, 청년프론티어 ▫ 100
부산과 후쿠오카, 왔다갔다페스티발 ▫ 102

재미난 복수를 꿈꾸는 독립문화공간 아지트 ▫ 104
배밭에서 예술을, 오픈스페이스 배 ▫ 106
꽃마을 아트 스튜디오 ▫ 108
부산노리단, 지역문화의 새로운 자극 ▫ 110
세상을 담는 이야기공장 '미디토리' ▫ 112
문화독해운동/지식나눔공동체 이마고 ▫ 114
나의 삶을 생태적으로 자립할 수 있도록, 부산 온배움터 ▫ 116
인권은 모두에게, 이주민과 함께 ▫ 118
문화를 통해 복지를, 문화복지전문인력 ▫ 120
집단 수다와 잡기로 만드는 잡지, 개념미디어 바싹 ▫ 122
지역을 담는 문화잡지, 안녕 광안리 ▫ 124
기관지에서 대중지로, 함께가는 예술인 ▫ 126
부산의 독립출판 책방, 샵메이커즈와 프롬더북스 ▫ 128
지역 이야기의 힘, 산지니 도서출판 ▫ 130
부산을 바라보는 진지한 창, 부산학연구 ▫ 132
이야기가 있는 동구, '이바구길'과 우물복원프로젝트 ▫ 134
자연과 함께 음악을, 부산선셋라이브(Sunset live) ▫ 136
청년정신의 부산비엔날레 ▫ 138
영화의 도시, 부산국제영화제 ▫ 140
할머니도 헤드뱅잉, 부산국제락페스티벌 ▫ 142
부산 인디씬의 축제, 부산인디락페스티벌 ▫ 144
뭇 생명들과 더불어, 금정산생명문화축전 ▫ 146
별난 부산 사람들의 별난 사직구장 야구응원 ▫ 148
지역문화에 신명을, 남산놀이마당 ▫ 150
욕구를 세련화하는 GUNBONG PARK ▫ 152
행복마을만들기의 매개자, 마을만들기코디네이터 협의회 ▫ 154
다음 세대를 위한, 100만평 문화공원조성 운동 ▫ 156
문화예술의 지방분권을 주도하는 부산문화재단 ▫ 158

People

엘 올리브 고성호 ▫ 162
문화와 복지의 매개자, 고윤정 ▫ 164
그래피티 작가, 구헌주 ▫ 166
김건우와 제로페스티벌 ▫ 168
소외되고 방치된 낡은 것들로부터 힘을 발견하는
김경화 작가 ▫ 170
락매니아 김성남과 부산밴드발전협의회 ▫ 172
대안공간 비움과 김성헌 대표 ▫ 174
백년어서원과 김수우 시인 ▫ 176
작가 김유리 ▫ 178
곱고 맑은 영혼의 싱어송라이터, 김일두 ▫ 180
김지곤 독립영화감독과 부산독립영화협회 ▫ 182
김형찬. 대중음악평론가 ▫ 184
공유와 교류의 기획자, 류성효 ▫ 186
서호빈 감독과 영화사 새삶 ▫ 188
문화여행공간 직사각형과 심종석 대표 ▫ 190
부산의 스트릿 댄스와 양문창 ▫ 192
스카웨이커스와 이광혁 ▫ 194
솔 오페라단 단장, 이소영 ▫ 196
팝핍바이러스 이정민 ▫ 198
장현정 대표와 호밀밭 출판사 ▫ 200
일상 공간 속의 프리마켓 아마존과 전혜정 대표 ▫ 202
차재근 그리고 문화소통단체 숨 ▫ 204
국악으로 노닐자, 젊은 풍류와 최경철 ▫ 206
홍기표와 아우라지 ▫ 208
지금 여기에서(헤세이티) 질문을 던지는 황경민 ▫ 210

발.간.사

도시 골목의 사소하고 낡은 문고리 하나도
의미 없는 것이 없다.

사소하고 일상적인 것에 눈을 돌리는 것이 창조도시의 출발이라 함은 매우 역설적이다. 거대공간과 랜드마크형 모뉴먼트에 몰두했던 한 세기가 지나면서 사소함에 대한 관심이라니. 그야말로 템포의 조절이요 스케일의 극소화다.

한 도시의 창조적 역량은 그 도시가 갖고 있는 공간, 문화, 사람에 대한 규모의 집착에서 가치의 발견으로의 눈돌림에서 시작한다. 이는 단순한 '변화'가 아니라 물리적 개발지상주의의 천민성으로부터 적극적 '탈출'을 의미한다.

도시의 새로운 창조는 시간의 발견으로부터 시작한다. 이 여정은 도시의 낡은 건축물의 창틀에, 뒷골목의 경사진 계단모서리에 아로새겨진 시간의 흔적을 발견하는 것으로부터 시작한다. 그러기에 칼비노는 '도시는 기억으로 넘쳐흐르는 파도에 스펀지처럼 흠뻑 젖었다가 팽창'한다고 하였던가. 이처럼 발견된 시간에서 의미를 찾아내고 스토리를 입히는 것이 시간으로부터 새로운 도시창조의 과정이다.

장소의 발견으로부터 도시공간의 창조는 형상화된다. 공간이 기표(시니피앙, 記標)라면 장소는 기의(시니피에, 記意)다. 공간에서 장소를 발견하는 것은 바르트의 표현대로 '공간에 이야기를 붙여서 눈사람처럼 확대되어 가는 신화'의 과정이다. 그러므로 창조적 도시화의 과정은 신화를 만들어가는 과정이다. 그러나 이 신화는 고대적 불가근의 신화가 아니라, 도시 일상이 켜켜이 쌓여진 생활의 신화다.

창조적 도시의 궁극적 주인은 사람이다. 개발시대에 밀려나고 소외된 존재로서, 단지

공간의 소비자로서만 머물러있던 사람의 등장은 낯설지가 않다. 이미 르네상스 시기에 인간의 발견으로부터 중세도시는 부흥의 에너지를 얻었다. 이때 탄생한 인간은 '정신의 육성'(cultura animi)으로서 교양을 지향하고, 자유를 체화한 르네상스인으로서 중세도시의 주축이 된다. 그런 의미에서 중세시대의 종교적 억압으로부터 자유로운 중세 교양인의 탄생을 통해 중세도시의 융성을 보았듯이, 창조도시의 부흥과 창조적 인간의 등장은 역사적 상관관계가 매우 높다. 플로리다의 표현대로 기술적 전문성을 지니고 다양성과 개방성을 기치로 내건 인재들이 창조적 도시로 모여들게 된다. 이러한 도시들은 사회적 관용성이 높아서 이른바 창조적 보헤미안들의 거점이 되면서 도시의 창조성 지수는 높아져가는 것이다.

이러한 시간, 장소, 인간의 발견으로부터 창조적 활동이 도시의 기억창고에 쌓이게 된다. 창조적 활동은 단순히 창조적 개인의 고립적 활동의 궤적일 수만은 없다. 창조적 도시의 활동 단위는 철저히 개인적인 측면과 공동체적인 측면 등 양 측면이 있다. 창조적 보헤미안들은 생래적으로 집단주의를 거부한다는 의미에서 철저히 개인주의적이다. 그러나 창조적 인재들의 활동 속성은 자유롭게 느슨한 연대와 네트워크의 틀 속에서 이루어진다는 측면에서는 공동체적인 것이다. 마페졸리의 표현대로 21세기의 '새로운 부족주의적' 노마디안들의 행태들은 머물되 고정되어 있지 않고, 연결하되 얽매이지 않은 '자유로운 연대'의 특성을 보이고 있는 것이다.

창조도시 부산을 향한 여정에서

19세기 일본에 의한 개항 이래 부산의 개방성은 그 자체로 기형성을 띨 수밖에 없었다. 자생적이고 내적인 동력보다는, 타력에 의한 개방도시는 착종과 변종의 씨앗을 공간적으로 문화적으로 뿌리게 된다. 대부분의 식민지 통치사에서 나타났던 식민지 본국의 지배층 중심의 식민지로의 이동과는 달리, 일본의 중·하류층 중심의 부산으로의 거주에 바탕한 식민문화는 속류성을 깊게 드리우게 된다. 이 시기 다른 식민지 통치 사회에서 표피적으로나마

외화되었던 식민문화의 형식적 '우아함' 조차도 볼 수 없었다는 것은 비극 중의 비극이다.

해방 이후 귀환 동포의 귀국, 한국전쟁으로 인한 준비되지 않은 도시로의 피난민 유입에 따른 도시용량 초과현상은 부산이라는 도시의 품격을 생각할 겨를이 전혀 없었다. 바닷가로, 강가로, 산으로, 언덕으로 기댈 곳만 있으면 그 자리에 거적을 깔고 고단하고 궁핍한 삶의 무게를 버텨내기에 급급하였다. 피난민 도시는 말이 도시지 그냥 하나의 용광로였다.

여기에 경제개발 시기에 우리는 밀어붙이고 지어 올리기에 갈급했다. 이를 통해 1970-80년대에는 엄청난 성장을 하였다. 그러나 우리나라 수출의 상당 부분을 부산이 담당하면서 수출의 관문도시라는 추켜세움에 취해서 미처 앞날을 내다볼 겨를이 없었다. 세계경제와 도시발전 패러다임은 바뀌어 가고 있었지만, 우리에게는 '잠수함의 토끼'가 없었던 것일까. 부산이라는 도시의 위상은 급락하였고, 많은 사람들의 우려는 높아만 갔다.

이제 21세기의 전환기에 부산은 서 있다. 성장과 정체 혹은 추락의 변곡점에 있음을 우리는 안다. 도시발전의 패러다임을 바꿔야한다는 목소리가 높다. 기존의 성장도시가 지향했던 세부적 아젠다들이 이제는 그 유효성을 상실하고 있음은 분명해 보인다. 우리가 지향해야 할 성숙도시는 도시의 관리와 컨텐츠에 집중할 수밖에 없다. 이러한 성숙도시의 발전패러다임을 구현하기 위해서는 창조적 도시 컨텐츠에 주목하는 것이 그 출발이 될 것이다.

부산을 창조도시로 만들어보자는 움직임과 논의는 진작부터 있어왔다. 하지만 그것이 체계화되고 본격화되는 것은 2009년도 하반기에 창조도시포럼이 만들어지면서부터라고 볼 수 있다. 지역의 전문가들이 창조도시를 행정과 제도적으로 구현하는 방안에 관해 다양한 논의를 부산광역시와 함께 해나가기 시작하였다. 이후 2010년 7월에 부산광역시는 기존의 일부 조직을 흡수하고 새로운 기능을 수행할 창조도시본부를 만들고, 민간전문가를 영입하는 나름대로 파격적 행보를 보인다. 이 조직을 통해 산복도로 르네상스 프로젝트, 강동권 창조도시사업, 행복마을, 커뮤니티 뉴딜 재생사업, 시민공원 재생사업 등 창조적 재생사업을 시민 파트너십을 내세우며 펼치게 된다.

오늘 우리가 살펴 볼 부산의 창조적 자원은 공간, 활동, 인재들을 망라하고 있다. 이러한 자원들은 그동안의 창조적 사업의 성과물이기도 하고, 또 그와는 상관없이 민간에서 자발적으로 만들어진 결과물이기도 하다. 또한 미래적 관점에서 보면 부산의 창조도시를 만들어가고 또 그 방향을 가늠할 수 있는 부산의 창조적 잠재력이기도 하다. 그런 의미에서 여기에 소개하는 99개의 부산의 모습들은 다분히 창조도시 부산을 열어나가고 '깨루는' 부산의 창조적 미래모습이기도하다. 따라서 본서는 우리가 부산을 창조도시적 관점에서 창조적 공간, 창조적 활동, 창조적 인재들을 찾아볼 수 있는 99개의 잠재적 혹은 현재적 자원들을 드러내는 길라잡이가 될 것으로 생각한다.

본 작업은 창조도시포럼이 중심이 되었지만 부산지역의 관련 전문가들과 젊은 활동가들의 철저한 협력의 결과이다. 창조도시 포럼 운영위원들이 전반적으로 기획을 하였고, 지역의 창조적 활동가들로 열심히 활동하고 있는 김아령, 김혜린, 박진명, 송교성 등의 발로 뛰는 취재와 집필활동이 없었더라면 이 작업은 불가능했을 것이다. 특히 신라대 부산학센터는 본 작업을 위해 연구지원을 아끼지 않았고, 부산광역시 창조도시본부의 다양한 지원에 이 자리를 빌어 감사의 마음을 전하고 싶다. 여러모로 어려운 가운데 출판을 흔쾌히 맡아준 신라대학교 출판부에 진심으로 고마움을 표한다.

이번 작업을 통해 한 도시의 창조적 발걸음은 여러 분야의 노력들의 협력과 네트워크 없이는 불가능하다는 사실을 다시 한 번 깨달으며, 부산이 창조도시로 나아가기 위한 작은 소망들을 담아 이 책을 상재(上梓)한다.

2013. 5
창조도시포럼 공동대표 **김영일·김형균**

Place

창조도시 부산을 깨우다
: 99가지로 만나는 부산의 재미

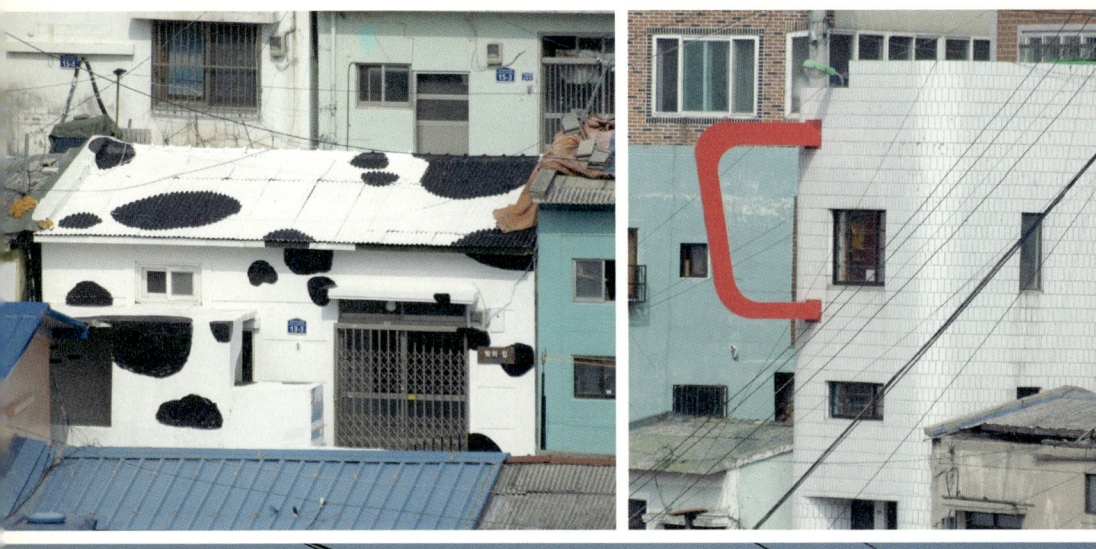

마을 전체가 미술작품, 감천문화마을

알록달록한 색깔의 집들이 층층이 줄지어 볕을 쬐고 있는 마을. 대문 앞에 곱게 다듬어 내놓은 화분을 보며 이웃의 눈도 즐겁다. 모서리를 돌아 다음 발걸음에는 어떤 다른 풍경이 나올까. 사람 한 명 지나갈 정도의 좁은 골목길을 발소리 나지 않게 조심히 걷다보면 보라색 집이 나오거나 분홍색 담벼락과 마주치기도 한다. 색색의 집들 사이 보석처럼 박혀있는 마을미술 작품들을 보면 마을 어르신들의 손길이, 아이들의 재잘거림이, 작가의 깊은 고민이 함께 떠오른다.

감천문화마을은 2009년 '꿈을 꾸는 부산의 마추픽추'라는 마을미술프로젝트가 시작 되면서 예술의 옷을 입기 시작했다. 한국 전쟁 후 태극교도들이 모여 살기 시작할 때부터 마을은 독특한 공간구조를 가지고 있었다. 여느 가파른 길의 산동네와는 달리, 가로구조의 골목길이 마을 전체를 촘촘히 띠처럼 이어서 끊김 없이 이곳저곳을 다닐 수 있다. 바다를 내려다보며 사는 마을이라 집집마다 알록달록 화려하게 페인트칠을 해 작은집들이 저마다의 표정을 가지고 있었다. 이 독특한 매력을 알아본 눈 밝은 예술가들은 마을 주민들과 함께 마을미술프로젝트를 시작했다. 곧 마을의 콘크리트 벽이 따뜻한 그림으로 채워졌고, 마을 입구에는 재미난 조형물이 사람들을 반겼다. 마을 사진갤러리, 공예작업장, 평화를 바라는 메모가 벽을 가득 채운 평화의 집, 구름무늬의 전망 좋은 어린이도서관이 자리 잡았다.

몇 년 사이 유명해진 마을은 꽤 시끌벅적해 졌다. 부산을 방문하는 사람들이 일부러 찾아가는 곳이 되었고, 감천문화마을 유네스코 국제워크캠프에 참가했던 외국 청년들은 감천마을에 대한 향수를 전해오기도 한다. 하지만 너무 많은 사람들이 몰려 주민들이 번거로워 하고 피곤해 하는 건 아닌지, 많이 알려지는 만큼 실질적으로 주민들의 생활에 보탬이 되는지 마음이 쓰인다. 마을을 방문하는 사람들이 주민들의 생활에 피해가 가지 않도록 조심스럽게 사진을 찍고, 차 마시고 밥 먹고 주민들의 공예품도 팔려서 마을에도 도움이 되면 좋겠다. 이제는 마을을 알리기보다, 마을의 유명세를 주민들의 애착과 자부심으로 어떻게 이어갈지 고민해야 할 때다.

- 부산광역시 사하구 감내1로 200 (감천동) 감내어울터   • 051.860.7820
- cafe.naver.com/gamcheon2

산허리를 달리는, 산복도로

산복도로를 달리는 86번 버스, 롤러코스터가 따로 없다. 기사님의 핸들 따라 오르락내리락 몸이 휙휙 젖혀진다. 산허리를 달리는 길 위 아래로 깨알 같은 집들과 저 멀리 항구가 눈에 들어온다. 잠시 스치고 마는 풍경이 아니라 한참을 굽이굽이 이어지는 것에 입이 떡 벌어진다. 해질녘이면 더 장관이다. 도시의 하늘은 붉어졌다 점차 어두워지고, 그 아래 사람들이 살고 있는 수많은 집들에 하나둘씩 불이 들어온다. 산꼭대기나 전망대가 아니라 도시 한복판에서 그 도시를 굽어보는 경험을 할 수 있는 곳이 바로 부산의 산복도로이다. 대개 높은 곳에 올라 풍경을 내려다보면 야호를 외치고 싶은데 산복도로에서 내려다보면 왠지 숙연해지기까지 한다.

산비탈에 집터를 고르고 집 앉히면 내 집 되던 시절, 도시계획이라고는 만무했을 그 시절에 전쟁을 피해 피난길에 오른 사람들, 항구와 공장의 일거리를 찾아 전국에서 부산으로 모여든 사람들이 현재의 산복도로 지역에 자리를 잡았다. 앞집이 뒷집을 가리지 않을 정도의 질서만으로 산비탈에는 빈 틈 없이 집들이 들어섰고 골목길은 실핏줄처럼 퍼져나갔다. 산업화가 급속히 이뤄지던 시절에도 사람들은 산복도로에서 꿈을 꾸고 낙담을 하다가도 다시 일어나 하루하루를 일궈나갔을 것이다. 부산이 커지면서 산복도로 산비탈 '하꼬방'에서 평지로 내려와 터를 잡았지만 옛 어른들에게 애환 담긴 고향은 여전히 산복도로인 이유다. 그래서일까. 오랜만에 산복도로를 찾는 사람들에게도 골목길이며 오래된 가게며 별로 변한 게 없어 낯설지 않다.

떠올리면 마음 짠해지던 산복도로에 요즘 새로운 기운을 감돌고 있다한다. 산복도로 르네상스 사업과 마을만들기 사업을 통해 마을활동가들의 활약과 주민들의 협력이 많아지고 있다. 환경개선, 육아, 교육 문제 등이 주민의 손으로 다듬어지고 있다. 마을기업과 마을공동작업장이 활성화되면 주민들의 주머니가 보다 넉넉해질 수도 있을 것이다. 하지만 마을의 발전은 주민들이 자신의 공간에 대해 자부심을 느끼는 것에서부터 시작하는 것일 게다. 많은 활동가와 자원이 들어간 산복도로 르네상스가 굽이굽이 산복도로 마을의 분위기를 잘 보존하면서도 무엇보다 그곳의 주민들이 살고 싶은 마을로 가꾸어지길 바란다.

• 산복도로는 산의 중턱을 지나는 도로로, 부산의 진구, 서구, 중구, 동구 등 6개구에 걸쳐서 형성되어 있음.

"바다를 향해 달린다, 부산의 항구"

종종 부산사람들마저 잊고 지내는 부산의 특징 중 하나는 부산이 우리나라 제일의 항구도시라는 점이다. 한반도 동남의 제일 끝자락이면서, 대한해협과 동해를 사이에 두고 일본 열도에 의해 둘러싸인 지정학적 특징으로 인해 도시의 곳곳에는 해운대, 광안리 등 크고 작은 해수욕장과 함께 60여개의 항구와 포구가 몸을 틀고 있는 곳이다. 이로 인해 일제 침탈의 교두보가 되기도 했던 아픈 역사도 지니고 있지만, 한국 근현대 경제발전의 모태가 된 수출산업의 중심도시이자 세계적인 항구도시로 부산을 성장시키는 밑거름이 되기도 하였다.

"오륙도 돌아가는 연락선마다 목메어 둘러봐도 대답없는 내 형제여(조용필. 돌아와요 부산항에 中)" 무엇보다 항구는 이별과 만남의 장소이다. 개항 이후, 우리나라 국제교역의 전초기지 역할을 했던 부산항은 많은 사람들이 관부연락선을 타고 떠나거나, 귀환한 곳이다. 부산항 주변의 중구, 서구, 영도구, 동구 일대는 한국전쟁 당시에는 피난민의 삶의 터전이자 국가의 최후 보루의 역할을 했던 곳이며, 1960년대에는 베트남 파병과 철수가 이루어졌던 현장이다. 또한 국제시장이나 보수동책방골목에서 그 기원을 찾아볼 수 있듯이 부산항은 이질적 문물이 오고간 통로로서 부산 특유의 개방성과 포용성의 바탕이 되기도 하였다.

부산항은 크게 북항과 남항으로 나눌 수 있다. 북항은 화물의 하역 및 해운을 취급하는 컨테이너 부두의 역할을 해온 곳이며, 남항은 소형선박, 어선들이 정박하는 어항으로서 자갈치시장, 영도대교, 남항대교 등 부산시민의 삶의 터전이자 정체성이 서린 곳이다. 최근 부산항(북항)을 국제해양관광 거점으로 육성하고, 시민에게 친수 공간을 제공하기 위한 재개발 사업이 본격적으로 논의되고 있다. 정부주도 형태가 아닌 '북항재개발 라운드테이블' 구성을 통한 민관 협치 형태로 논의됨으로써 그 귀추가 주목되고 있다. 항구가 품은 부산만의 독특한 창조적, 문화적, 역사적 콘텐츠가 교류될 항구도시 부산의 새로운 도약에 주목해보자.

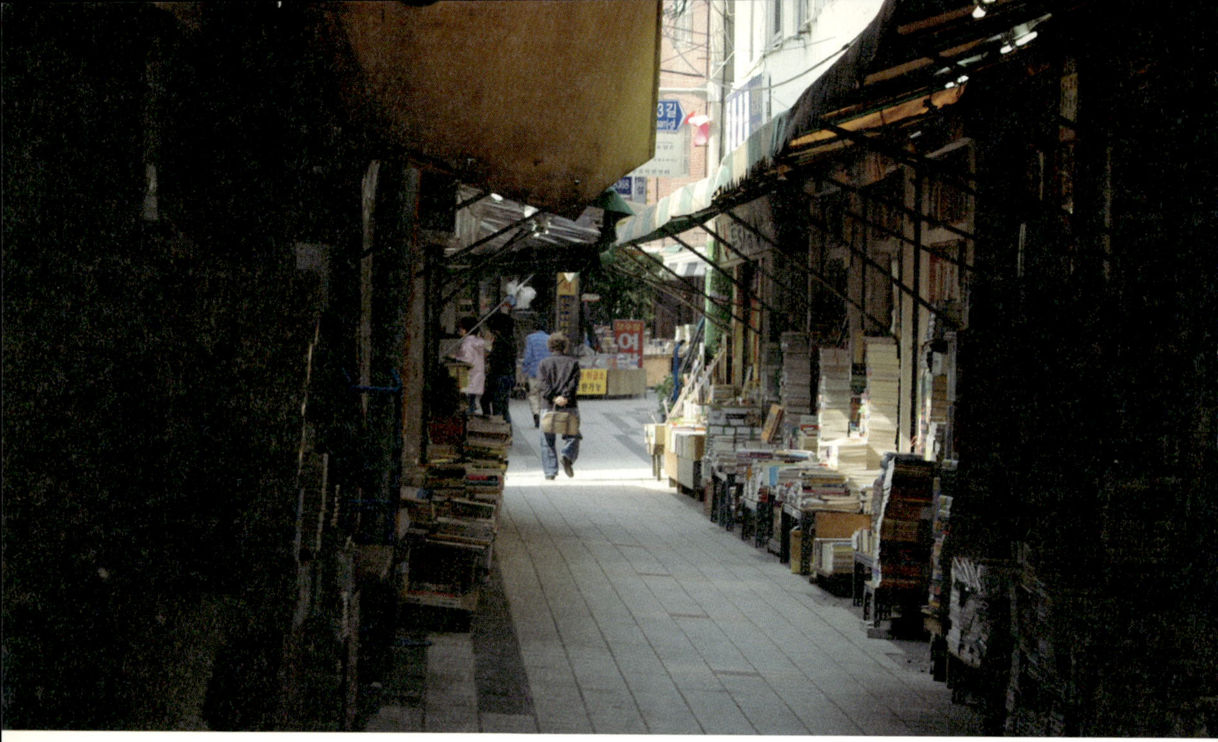

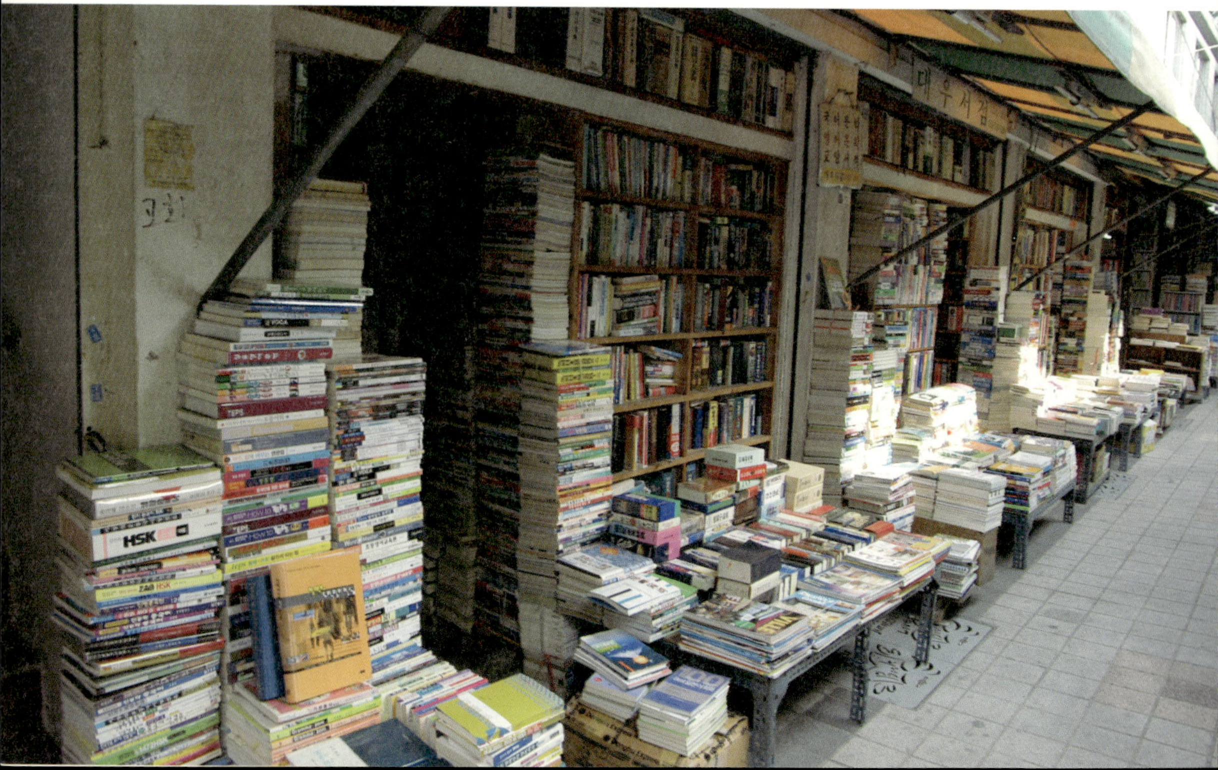
대우서점
HSK

헌 책방을 뒤지는 낭만, 보수동 책방골목

한 아름 참고서의 무게만큼 등수가 오르길 기대하는 중고생들과 바다건너 잡지와 해적판 앨범, 만화책들이 마니아의 눈길을 잡아끄는 곳. 절판된 책을 찾기 위해 책 꾸러미를 뒤적이는 분들과 연신 셔터를 눌러대며 골목을 담으려는 분들이 뒤섞이는 오후의 풍경. 중구 보수동 책방골목이다. 전국에서 유일하게 헌책방들이 모여 있는 보수동에는 절판되어 구하기 힘든 책부터 참고서, 오래된 잡지, 그리고 인문학 서적까지 온갖 책들이 여러 서점에 들어차 골목을 형성하고 있다.

6.25 전쟁 때 피난 온 한 부부가 골목 안 목조 건물 처마 밑에서 박스를 깔고 미군부대에서 나온 헌 잡지, 만화, 고물상으로부터 수집한 각종 헌책으로 노점을 시작한 것이 시초다. 생활이 어려운 피난민과 가정 형편이 어려운 학생들, 지식인들이 책을 사고팔면서 자연스레 헌책방 골목이 형성되었다. 이후 책방골목번영회가 설립되고 자체적으로 책방골목 축제 등 다양한 문화행사가 열리며 전국적인 유명세를 타기 시작했다. 2010년 12월에는 보수동 책방골목 문화관이 건립되어 헌책방골목의 역사를 전시하고 인문학강좌나 통기타 강좌 등 다양한 문화프로그램을 상시적으로 열고 있다.

한 책방 방명록의 '좋은 책을 얻어갈 수 있어 행복하다'는 글귀 속에서 사람과 사람 간의 인연이 차곡차곡 포개져 있음을 본다. 요즈음 각 가정에서 제대로 사용하지 않는 물건들을 이웃과 함께 사용하는 '공유경제'(sharing economy), 주민들이 마을 단위로 힘을 모아 자신의 문제를 해결하고 함께 이익을 만들어가는 사회적 경제가 창조적 아이디어로 주목받고 있다. 어쩌면 보수동 헌책방골목에서 헌책을 통해 지식과 문화를 나누어온 것이 이미 오래 전부터 있어왔던 창조적 아이디어가 아닐까. 보수동 헌책방골목은 잊고 살았던 삶의 방식을 돌이켜보게 해주는 '오래된 미래'다.

• 부산 중구 보수동 1가   • www.bosubook.com

돗떼기와 깡통시장, 국제시장과 부평시장

부산에 온 관광객들이 풍경을 즐기러 가장 많이 가는 곳이 해운대 해수욕장이라면, 쇼핑을 즐기러 가장 많이 가는 곳은 바로 국제시장이다. 남포동에 위치한 국제시장은 부전시장, 진시장, 자갈치시장과 더불어 부산에서 가장 번성한 시장으로 꼽힌다. 특히 일본인 관광객들이 많이 찾다 보니 국제시장에는 수입품이 많고 상인들도 기본적인 일본어를 구사한다. 속칭 깡통시장이라 불리는 부평시장과 국제시장을 다 합쳐 국제시장으로 부르기 때문에 국제시장은 그 규모 면에서도 상당하다. 현인의 명곡 '굳세어라 금순아'의 노래가사에 나오는 국제시장이 바로 이곳이다.

부평시장이 처음 시작된 건 1910년. 국제시장은 그보다 늦은 1945년에 시작되었다. 해방 후 일본군이 철수하면서 자신들이 가지고 있던 각종 물품들을 팔기 위해 내놓았고, 그것들이 부평시장 앞에 쌓이자 그 일대 공터가 시장으로 변모했다. 그렇게 시작한 국제시장은 한국전쟁 당시 미군이 주둔하는 동안 더욱 커졌다. 군용품과 전 세계의 구호물자가 유입 됐고 밀수품까지 들어왔다. 이른바 '돗떼기 시장'으로 불렸던 국제시장은 각종 라디오, 카메라 등 전자제품군이 많아 남자들이 찾는 시장으로도 알려졌다. 그리고 미군의 통조림 따위가 판매되면서 부평시장은 깡통시장이라는 이름이 붙었다.

국제시장의 또 다른 특징이라면, 부전시장이나 자갈치시장처럼 식재료 위주의 시장이 아니라는 데에 있다. 부산의 여느 시장과 달리 블록화가 잘 되어 있는 국제시장에서는 공산품이 많이 유통되고 있다. 앞서 언급한 전자제품들은 물론이고 의류, 신발, 가방, 안경 등을 가장 저렴하게 살 수 있는 곳이 바로 국제시장이다. 또 국제시장의 한 골목에는 먹거리골목이 형성되어 있다. 다양한 먹거리 중 비빔당면은 부산만의 개성 있는 먹거리다. 잘 삶은 당면을 간장이나 초고추장으로 양념한 비빔당면은 옛날에는 당면과 간장만으로도 끼니를 해결할 수 있었던 전쟁음식이었지만 지금은 맛있는 간식거리로서의 역할을 톡톡히 하고 있다. 가까이 부평시장도 먹거리로 알아주는 곳이다. 우리나라 사람이 최초로 만든 어묵공장이 광복 직후 바로 이곳 부평시장에 들어선 동광식품이다. 현재 부산의 여러 어묵 제품군 중에서 가장 맛있다고 알려진 미도 어묵도 바로 이곳에 있다. 족발골목, 죽골목에 떡갈비까지 먹거리들이 즐비한 부평시장에 들어서면 늘 군침이 돈다. 눈이 즐겁고 입이 즐겁고 지갑 부담도 적은 국제시장과 부평시장은 부산의 생동감을 그대로 느끼게 해주는 시장이다.

• 부산 중구 신창동4가   • tour.bsjunggu.go.kr

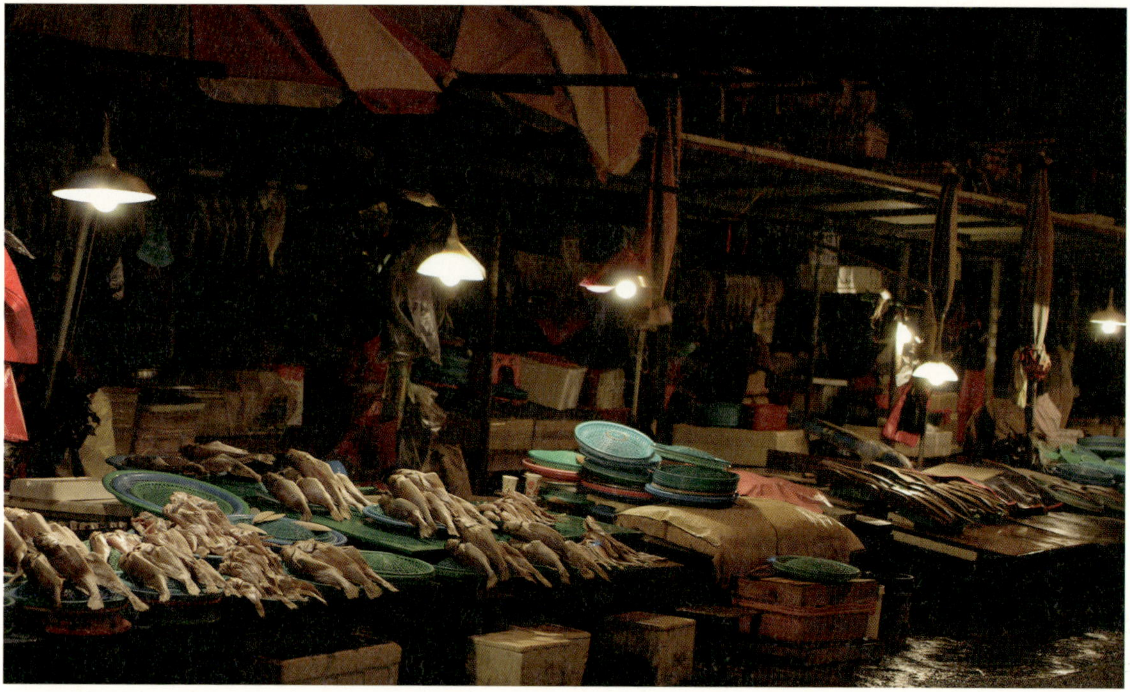

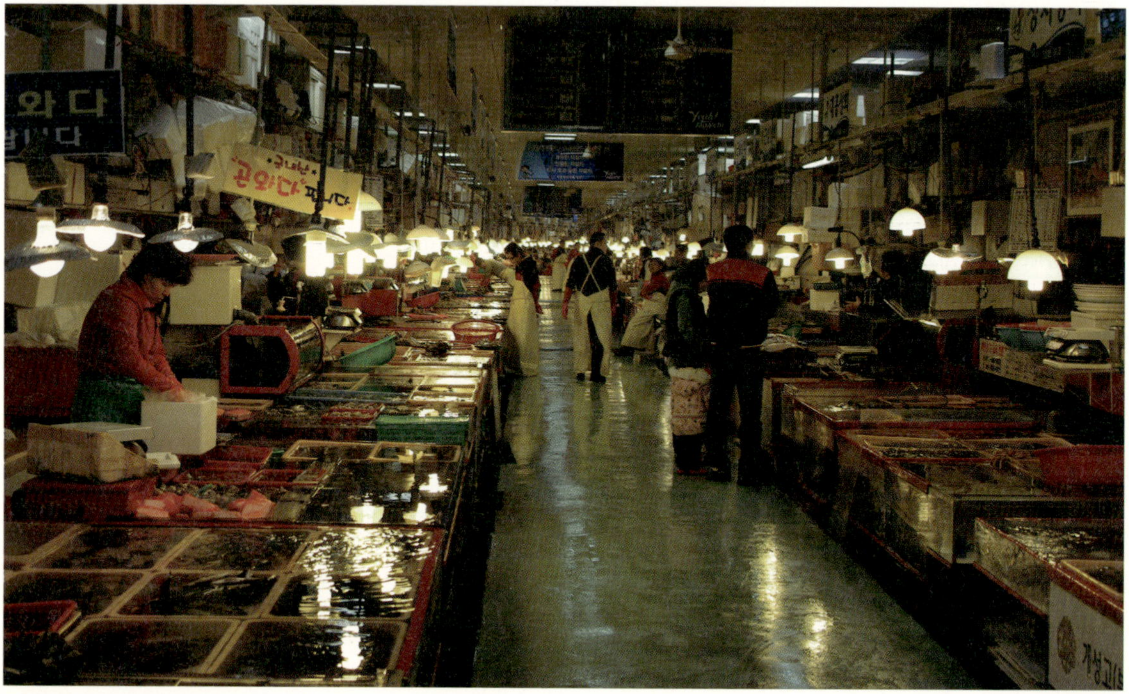
와다
곤와다

오이소 보이소 사이소, 자갈치시장

부산은 저마다의 특색 있는 시장들이 많다. 직물을 전문으로 취급하는 진시장, 신발상으로 유명한 자유시장, 전자제품을 많이 파는 국제시장과 깡통시장, 그리고 무엇보다도 부산에서 가장 유명한 시장이자 전국 최대 규모의 해산물 시장인 자갈치시장이 있다. '오이소 보이소 사이소'라는 문구가 눈에 확 들어오는 자갈치시장은 부산 남포동에 위치해 있다. 전쟁이 끝난 후 남자수가 줄어들어 가계 부양을 해야만 했던 아낙네들이 난전을 이루어 형성되었다는 가슴 아픈 유례를 지니고 있다. 우리가 흔히 억세고 재치있는 이미지로 기억하는 '자갈치 아지매'라는 말에는 이런 배경이 있다.

그러한 아픔은 시간 속에 묻고, 지금의 자갈치시장은 새로운 모습을 띄고 있다. 부산국제영화제와 자갈치축제가 성공적으로 정착한 이후 남포동이라는 입지적 요건이 좋아지고 유동인구가 늘어남에 따라 시장이 새로운 모습으로 탈바꿈하기 시작한 것이다. 전면이 유리로 된 깔끔하고 현대적인 시장 건물의 1,2층은 수산물 판매장이고, 시장 내에 전시실과 한식당, 컨벤션 센터, 하늘공원과 게스트하우스 등 다양한 부대시설을 제공하고 있어 자갈치시장을 찾는 이들의 편의와 즐거움을 도모하고 있다. 하지만 자갈치 아지매와 어울리는 옛 시장의 모습을 더 이상 보지 못하는 것을 안타까워하는 사람도 많을 것이다.

매년 10월 경 4일에 걸쳐 부산자갈치축제가 진행된다. 출어제, 길놀이, 만선제 등 우리의 전통적인 민속제와 용왕굿을 감상할 수 있고, 생선회 요리경연대회, 생선회 정량달기, 맥주 무료 시음 광장 등 부대체험이 준비되어 있어 오감을 만족시켜준다. 또한 적극적으로 외국인 관광객들을 유치하면서, 자갈치축제는 자갈치시장과 부산을 알리는 국제적인 축제로 거듭나고 있다.

부산 시내에 생선을 취급하는 곳은 모두 자갈치시장에서 물건을 받아온다고 할 만큼 해산물의 명소인 자갈치시장. 부산의 근대 역사의 현장이요 부산에서 가장 번화했던 중구가 한 때 그 위세를 잃었을 때에도 자갈치시장은 그 명성을 그대로 이어갔으며, 지금도 계속해서 이어가고 있다.

• 부산 중구 남포동4가 37-1　　• jagalchimarket.bisco.or.kr

도시의 등대, 용두산 공원

용두산공원은 1916년 처음 준공되어 1940년에 공원으로 고시되었다. 일제강점기 때 일본인들이 부산으로 들어오는 항구가 있어서 부산의 중심지가 되었던 '중앙동' 인근에는 구 미문화원, 40계단, 부산데파트 등 한국 근대사의 유물들이 많이 남아 있다. 그리고 그 모든 것들의 중심에 바로 이 용두산공원이 있다. 자성대공원, 에덴공원, 금강공원 등 40년이 넘는 역사를 자랑하는 부산의 근대 공원 중에서도 가장 오랜 역사를 지닌 용두산 공원은 지금도 부산을 대표하는 공원으로서 명성을 유지하고 있다.

아마도 우뚝 솟은 부산타워가 있어 그런 것이 아닐까. 부산에 있던 많은 학교들의 소풍장소 일순위이기도 했던 용두산공원인지라 그곳에서 찍은 사진을 가진 사람도 그만큼 많을 것인데 그 속에는 언제나 커다란 꽃시계와 그 너머에 있는 하얗고 긴 탑이 있을 것이다. 용두산공원 내에 있는 부산타워는 서울의 남산타워와 마찬가지로 부산 중구 전체를 내려다보는 광경을 자랑한다. 광복동과 남항대교가 한켠에 펼쳐지고, 다른 한켠에는 수정동 산자락에서 부산역으로 내려오는 경사를 따라 빽빽이 들어선 건물들이 발아래에 놓인다.

매년 1월 1일 0시 서울에서 재야의 종을 칠 때, 부산에서는 용두산공원에 있는 종각에서 재야의 종을 친다. 묵은해를 잘 떠나보내고 새해의 복을 기원하는 이들의 소망이 이곳 용두산공원에서 모이는 것이다. 또한 부산지역 비보이(B-Boy)들의 성지가 바로 용두산공원이다. 세계 비보이대회를 휩쓴 한국 비보이들 중 상당수가 부산의 비보이임은 널리 알려진 사실인데, 이들이 용두산공원에서 배틀과 거리공연을 해왔던 것이다.

용두산공원은 부산의 근대 역사의 한 장으로서 존재함과 동시에 오늘날에도 계속해서 새로운 역사를 만들어내는 현장이 되고 있다. 광복동에서 용두산공원으로 올라가는 길은 에스컬레이터가 설치되어 화제가 되기도 했으며, 연등축제·조선통신사축제 등으로 문화예술의 공간이 되고 있다. 한 장소가 오랫동안 생명력을 가질 수 있는 것은 공간이 계속해서 새롭게 변신하면서 자신의 역사를 창조하게 될 때이다. 그리고 우리는, 그런 용두산공원에 걸음하여 이곳이 안고 있는 부산의 오랜 세월을 느껴볼 수 있을 것이다.

- 부산 중구 광복동2가 1   • www.yongdusanpark.or.kr

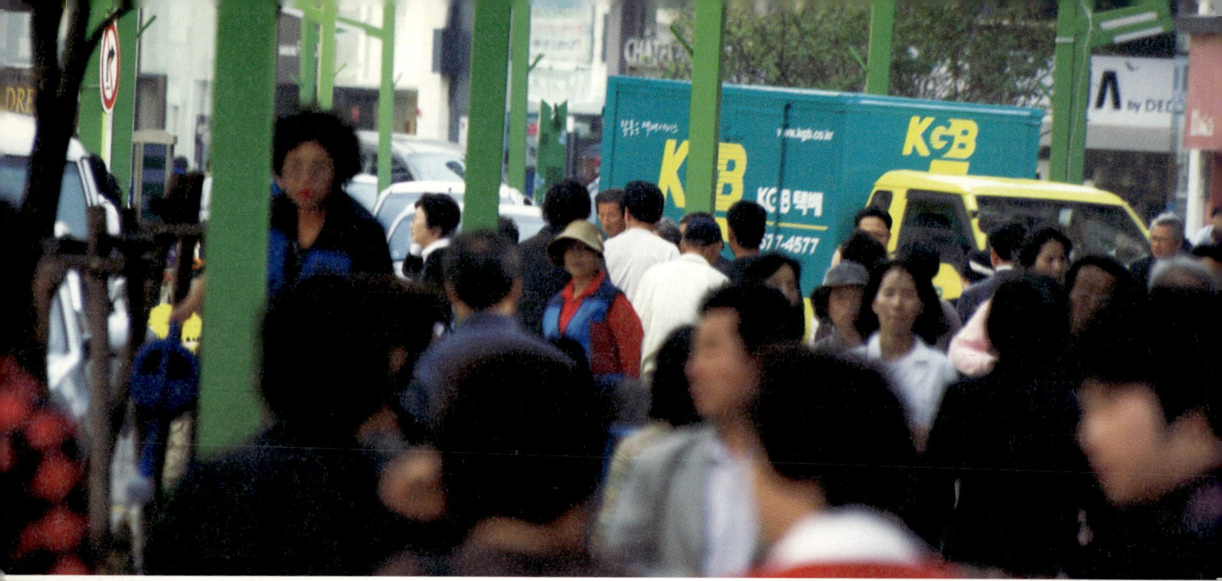
KGB
KGB 택배
www.kgb.co.kr

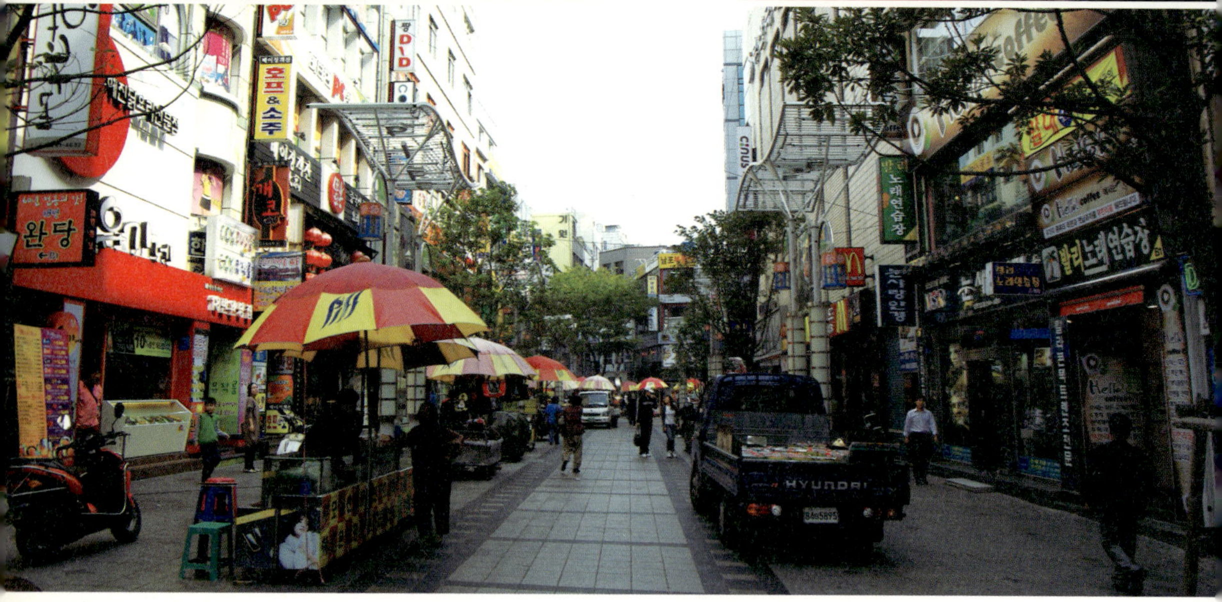
호프&소주
완당
노래연습장
HYUNDAI

부산의 오래된 지도, 광복동과 남포동

길은 걷는 사람이 자신의 도시, 혹은 가로나 동네와 맺게 되는 관계는 무엇보다 먼저 어떤 정서적 관계인 동시에 신체적 경험이다.
— David le breton. Eloge de la marche. 2002. 걷기예찬. 김화영 옮김. 현대문학

그렇다. 온갖 문제들이 가득해서 언제든 떠나고 싶어 하는 도시도 실은 우리들이 살아가는 삶의 현장이다. 자본주의적 계산과 끊임없이 통제하는 삶의 방식이 도처에 만연하고 산책이 곧 쇼핑이 되어버린 도시지만, 이 도시에 우리의 일상적 삶들이 켜켜이 쌓여있으며, 그것은 오늘도 변함없이 이루어진다. 물론 앞으로 새로운 가능성도 바로 여기서 피어날 수 있음을 우리는 안다. 그야말로 오랜 시간이 쌓인 부산의 원도심에서 미래를 생각해보는 이유다.

어떤 의미로든 부산을 상징하는 원도심은 광복동, 남포동을 중심으로 하는 지역일 것이다. 일제시대와 근대화 과정을 오롯이 제 몸으로 거쳐 왔던 이 지역에는 지역의 기억들이 골목과 계단, 낡은 건물들의 틈새에 녹아 있다. 분명 현대 도시는 끝없이 솟아 있는 초고층 빌딩과 꺼질 줄 모르는 불빛, 시원시원하게 탁 트인 도로가 심장이 되어가고 있지만, 그것이 삶의 구심점이 될 수 없다는 것은 명확하다. 여행객들이 원도심 일대를 찾는 이유는 바로 그 속에 부산의 삶이 들어있고, 40계단처럼 사람 내음 물씬 풍기는 도시의 기억들이 녹아 있기 때문일 것이다. 그래서 요즈음 부산을 방문하는 외지인들에게 원도심 일대를 먼저 보여주고 싶은 이유다.

40계단을 시작으로 걸으며 보는 골목들 어귀, 오랜 식당들엔 여전히 일본풍의 느낌이 배어있다. 근처에 위치한 부산근대역사관이 일제강점기 동양척식주식회사 건물을 활용한 박물관인 이유다. 그렇게 구불구불한 광복로를 지나, 북적이는 남포동의 낡은 건물과 현재의 건물에서는 근대의 시간들이 한데 뒤엉킨 모호한 기분이 든다. 도시의 성장과정에서 급격한 변화들을 온 몸으로 겪어야 했던 부산의 원도심이다. 그때야 비로소 여행객들은 '부산에 왔군요'라는 말을 건넨다.

• 부산 중구 중앙동3가(40계단 테마거리) (지하철1호선 중앙동역)

창조도시 부산을 깨우다

원도심 창작공간 또따또가

요즈음 각 지역의 문화예술인들이 부산을 방문하면 꼭 들리는 공간 중의 하나가 '원도심 창작공간 또따또가' 일 것이다. 2010년 3월 부산의 원도심인 중구 중앙동 40계단 주변과 동광동 일대의 빈 상가, 사무실 등 40여개의 크고 작은 공간을 임차해 300~400명의 미술, 문학, 음악, 연극, 영화, 사진, 인문학 등 다양한 분야 작가 및 단체들에게 제공하고 있다. 공모를 통해 다양한 영역의 문화·예술 작가 및 단체에게 공간을 지원해 문화예술 생태계의 새로운 모델로 평가받으며 전국적인 주목을 받고 있다. 김희진 또따또가 운영지원센터장에 따르면 평일, 주말 할 것 없이 견학을 오는 분들 덕분에 눈코 뜰 새 없이 바쁘다고 한다.

관용과 배려, 그리고 문화다양성을 나타내는 프랑스어 똘레랑스(Tolerance)의 '또', 여기에 각자의 공간에서 예술가들이 '따'로 활동하지만, 때로는 '또' 같이 활동하고, 비슷한 거리(街)에서 활동한다는 의미를 넣어 또따또가란 이름이 생겼다. 한 마디로 예술가와 시민들이 다양한 문화를 접하고 만나고 어우러지는 커뮤니티 문화지대다. 그렇게 예술가와 시민이 일상과 거리에서 만나면서 쇠퇴하던 원도심 지역이 점차 생기를 띄고 있어 새로운 창조적 활동의 진원지로 주목받고 있다.

신문이나 잡지에서 또따또가의 이야기를 보고나 전해들은 사람들이 일대에 와서는 어디를 어떻게 갈지 몰라 막막해할지 모른다. 그도 그럴 것이 큰 간판 하나 내걸지 않고 낡은 건물의 한 귀퉁이나 2층, 혹은 골목 사이 빈 점포들에 또따또가가 스며있기 때문이다. 화려하고 그럴듯해 보이는 문화시설이나 일회성 이벤트를 만들기는 어렵지 않다. 그러나 예술가들이 자연스럽게 모여들고, 보이지 않지만 진정성이 느껴지는 창조적 기운을 만들어내는 것은 결코 쉬운 일이 아니다. 크고 멋들어진 건물이나 화려한 행사들이 없이도 또따또가가 주목받는 이유가 여기에 있다.

- 부산 중구 중앙동3가 12-3 3층(또따또가 사무국)   • www.tttg.kr
- 051.469.1978

문화예술의 공원, 민주공원

한국 근·현대사 속 민주화 투쟁의 과정에서 부산은 그 어느 도시 보다도 야당의 성향을 지닌 전통적인 야도(野都)였다. 1960년 4월 혁명의 경우, 3월 7일 부산의 고등학생을 중심으로 민주선거를 요구하는 운동이 3.15 부정선거를 도화선으로 4·19 혁명으로 이어져 전국적으로 거센 저항의 불을 지폈다. 1961년 5·16 군사쿠데타 이후 일어난 최대의 민중항쟁인 부산·마산 지역의 부마민중항쟁(1979)은 유신정권의 몰락을 앞당겼다. 1987년 6월 항쟁 당시에는 우리나라 민주화의 진원지이자 보루로서의 역할을 수행했던 도시가 바로 부산이다. 민주화를 향한 시민들의 힘은 1989년 부마민주항쟁기념사업회(이후 부산민주항쟁기념사업회로 명칭변경)를 출범시키기에 이른다.

이것은 곧 열려있는 시민사회, 깨어있는 시민사회로서의 면모를 보여주는 것이다. 중구 대청동에 위치한 민주공원은 바로 그러한 부산 시민의 숭고한 민주 희생정신을 기리고 계승 발전시키기 위한 상징적 장소이자 현재 부산 민주화 역사의 산 교육장으로 활용되고 있다. 연간 20여만 명의 부산 시민들이 찾아 우리나라 민주주의의 역사와 가치를 체험하는 것은 물론, 어린이와 청소년 행사 및 가족들이 함께 할 수 있는 각종 공연과 행사가 종합적으로 이루어지고 있는 곳이다.

그런데 2012년 말 부산민주공원의 예산이 크게 삭감되는 일이 벌어져 지역의 문화예술인들이 릴레이 1인 시위를 벌였다. 왜 민주공원의 일에 지역의 문화예술가들이 나섰던 것일까? 그 이유는 민주공원이 가지는 상징이나 정치적인 의미뿐만 아니라 부산의 몇 안 되는 복합문화공간이라는 점 때문이다. 그동안 민주공원은 민주화에 대한 교육장으로서의 역할 뿐만 아니라 저렴한 대관료로 다양한 문화예술 행사를 할 수 있는 공간이었다. 자체의 인권영화제와 이주민 사진전이 열렸고 지역 밴드와 연극인들의 공연장, 예술가들의 전시장, 학술대회·워크숍·세미나 공간 등으로 활용되어 왔다.

사실 정치와 문화는 떼려야 뗄 수 없는 관계이기 때문에 어쩌면 이것은 당연한 일일 것이다. 창조도시를 논하는 지수에서도 언제나 민주주의적 소통 관계가 가장 중요한 요소로 지적된다. 창조와 문화를 꿈꾸는 도시가 시민사회의 소통의 장에 더 깊은 관심을 기울여야할 일이다.

- 부산 중구 영주동 10-16
- http://www.demopark.or.kr   • 051.790.7400

부산시민들의 광장, 부산역 광장

"… 보슬비가 소리도 없이 이별 슬픈 부산 정거장 … 몸부림치는 몸을 뿌리치고 떠나가는 이별의 부산정거장 … " (이별의 부산정거장. 남인수 노래)

부산시 동구 초량동에 있는 경부선의 종착역이자, 서울행의 기점인 부산역. 일제시대를 지나 전쟁과 피난, 1953년의 대화재를 겪은 뒤 지금의 모습까지 이전과 증축, 리모델링을 거치면서 부산역도 조금씩 변해왔다. 이제 더 이상 부산역 대합실에서 오랜만에 보는 이들과 뛸 듯이 기뻐하며 얼싸안는 장면이나, 서울로 떠나는 이의 무거운 가방을 끌어주며 흐느끼는 장면들을 보기는 힘들다. 핸드폰의 발달 덕분인지 혹은 고속철도로 인해 반나절 만에 서울 왕복이 가능해서인지는 모르겠지만 만남과 이별의 '부산 정거장'은 이제 과거의 풍경이 되어가고 있다.

그러나 대도시의 수많은 사람들이 오고가는 장소인 만큼 여전히 좀처럼 다른 곳에서 찾아볼 수 없는 독특한 부산의 풍경이 만들어지고 있다. 때로 가난한 이들이 잠시 몸을 쉬어가는 곳이자, 시민들이 휴식을 취하는 곳으로 부산역 광장에서는 오늘도 도시의 목소리가 흘러나온다. 시민광장 하나 제대로 없는 부산에서, 부산역은 새로운 기운들이 모여들고, 분주히 오고가는 시민들이 서로를 확인하고 이야기를 나누며 자신들의 목소리를 내는 살아있는 부산의 광장인 것이다.

역사의 주요한 시기마다 민주화를 위해 시민들이 모여들었던 부산역 광장은 2012년의 대선의 유세현장, 희망버스, NUCLEAR FREE WORLD FESTIVAL 등 부산시민의 공론의 장이자, 다양한 문화행사와 이벤트가 일어나는 축제의 장으로서 그 역할을 충실히 해내고 있다. 창조의 힘은 소통과 교류에서 비롯된다. 그래서 오늘도 떠나기 위함이 아니라, 만나기 위한 시민들의 발걸음이 끊임없이 이어지는 부산역 광장은 생생한 도시의 목소리가 되고 있다.

• 부산 동구 초량동 1187-1

항구도시의 이야기가 집약된 초량 외국인 거리

동구 초량동 부산역 맞은편은 부산의 근대역사에서 독특한 의미를 지니는 곳이다. 거리에 늘어선 한국식 상가 뒤로 한발자국만 내딛으면 이국적인 풍광이 펼쳐지는데, 가히 세계인의 거리라 할 수 있을 정도로 다양한 국적의 외국인들이 스쳐지나간다. 차이나타운 특구와 초량 외국인 상가라 이름 붙여진 이곳 거리의 곳곳엔 러시아어와 중국어로 된 간판들이 줄지어 있다. 어디서도 쉽게 찾아볼 수 없는 다국적의 외국인들, 특히 러시아인과 중국인들을 비롯하여 미군들이나 동남아 외국인들과도 마주치는 이곳은 복잡다단한 역사를 가지고 있다.

구한말 이후 중국이 대한제국의 땅을 조계지로 사용하던 당시 청관이라 불리던 이 지역은 일제 강점기에는 혼마치로 통했으며, 해방 후 한국전쟁으로 미군이 몰려들자 텍사스촌으로 불렸다. 이후 중국인 화교들이 자신들의 학교를 세우고 음식점을 차리면서 차이나타운이 조성되고 한동안 상해거리로 불렸다. 이후 러시아와 국교가 맺어지면서 러시아 선원들이 드나들자 러시아 거리로 불리는 등 다양한 별명이 이곳을 거쳐 갔다. 항구도시 부산의 숙명이 이곳만큼 절절하게 맞닿아 있는 곳도 드물 것이다.

따라서 이곳은 공간과 장소의 특성을 연구하는 이들에게 흥미로운 대상이다. 근대역사와 도시공동체의 변화를 살펴보거나 종교와 언어, 인종이 섞이는 역동적인 과정에 관심을 갖고 있는 연구자들은 이곳을 눈 여겨 보고 있다. 요즘 우리 사회의 가장 큰 화두는 다문화, 이주민이라고 해도 틀린 말은 아닐 것이다. 한국사회에 점점 더 다양한 문화권의 사람들이 모여들어 삶과 문화를 공유하고 있다. 이러한 때에 초량 외국인 거리가 우리에게 알려주는 것에 대해 조심스럽게 귀 기울여 볼 일이다.

• 부산 동구 초량동 571

도시의 섬, 매축지 마을

　근대 역사의 흔적이 많이 남아 있는 중·동구 일대의 옛 지형은 지금과 많이 달랐다고 한다. 일본이 부산을 대륙침략의 관문으로 삼고 시모노세키와 직항으로 연결하는 과정에서 대규모로 바다를 매립하여 이 지역에 근대 항구의 모습이 갖추어졌다. 이 매립 공사에 많은 한국인들이 동원되어 낮에는 매립 인부로 일하고 밤이 되면 현재 산복도로 인근에 터를 잡고 살았다.

　범일동과 좌천동의 경계에 있는 매축지마을도 일본인들의 이주가 본격화 되던 시기에 매립으로 만들어졌다. 처음에는 군마를 관리하기 위한 대규모의 마구간과 이를 관리하기 위한 마부와 짐꾼들의 막사가 들어섰던 곳인데 해방 후 일본에서 돌아온 사람들이 거주하고, 한국전쟁으로 피난민들이 몰리면서 점차 거주지로 탈바꿈하게 되었다. 기존의 막사와 마구간을 개조하여 피난민들이 터를 가꾸었던 흔적이 여전히 남아 있는 오래된 동네라 "친구", "아저씨" 등 영화의 촬영지로도 유명해졌다.

　공공미술 벽화를 그리며 매축지와 인연을 맺었던 젊은이들이 매축지 할매들과 '인사이트영' 이라는 마을기업을 만들었다. 도시텃밭이나 공동작업장에서 할머니들과 액세서리를 만들고 '골목갤러리 정' 이라는 공간에서 바느질, 영화상영 등 지역주민을 대상으로 프로그램을 진행하고 있다. 매축지 내 또 하나의 주민공간인 '사랑방 마실'에서는 주민들이 직접 찍은 사진을 전시하는 사진전이 열렸다. 2012년 '문화독해운동 이마고'에서 매축지 마을 할머니들이 직접 쓴 이야기들과 사연을 바탕으로 [매축지마을 할머니이야기]를 책으로 만드는 등 지역의 이웃들이 행복하게 살아가기 위한 다양한 문화 예술 활동들이 이루어지고 있다.

　도시 한복판에 있지만 오랜 시간 그 역사를 고스란히 간직하고 있는 마을 풍경 덕분에 매축지 마을은 최근 들어 여행자들과 사진촬영을 즐기는 사람들에게 점점 알려지고 있다. 오래된 풍경뿐만 아니라 그 역사를 살아온 주민들의 삶도 한번쯤 생각해보면서 마을로 살며시 걸어 들어가면 어떨까.

● 부산 동구 좌천동(지하철1호선 좌천역)

창조도시 부산을 깨우다

부산진역, 폐쇄된 驛舍(역사)의 화려한 부활

　기찻길에서 디제잉과 그래피티라니! 영화에나 등장할법한 'On Street Project'가 부산진역에서 펼쳐졌다. 적막한 풍경에 켜켜이 스며든 시간의 흔적과 복잡하게 얽혀있는 기찻길, 그리고 그 너머로 보이는 대형 컨테이너 구조물이 풍기는 묘한 분위기는 생경하다 못해 이국적인 느낌이었다. 매표소, 대합실 등 기차역으로서의 흔적이 남겨진 곳에 전시된 2012 부산비엔날레의 특별전 작품들은 파리의 오르세 미술관(버려진 철도역을 재활용한 프랑스의 미술관)을 생각나게 했다.

　아마도 현재 부산의 20~30대 라면 부산진역을 가본 경험이 많지 않을 것이다. 그도 그럴 것이 부산진역은 부두와 인접한 까닭에 주로 컨테이너 화물을 처리하였으며, 나이 지긋한 어르신들의 기억 속에나 있을 비둘기호와 같은 완행열차의 시·종착역으로 운영되었기 때문이다. 그러다 KTX 개통이후 2004년 2월 부전역으로 그 역할이 이전되고, 2005년 4월부터 여객 취급이 중단되면서(화물전용역은 신역사로 준공됨) 모든 기차가 서지 않는 폐쇄된 역사(驛舍)가 되어 더욱 그러할 것이다.

　그러나 폐쇄된 역사(驛舍)에서, 부산 문화예술의 역사(歷史)는 다시 시작되고 있다. 오랫동안 방치되었다가 2012년 2월 부산시와 독일 함부르크 시의 문화·예술교류전이 있었고, 9~11월엔 부산비엔날레가 열리면서 새로운 문화예술의 역사를 제 몸에 새기고 있다. 도시를 새롭게 만들어 간다는 것은 결코 오래된 건물이나 시설들을 부수고 새로이 건립하는 것만을 뜻하지 않는다. 기존 건물을 재활용하고 그 역사를 살려내면서 새로운 의미를 부여해나가는 것 또한 창조이다. 그래서 창조는 결코 먼 곳에 있는 것이 아니다. 바로 우리들 사이에서 시작될 수 있는 것이다. 그것이 부산진역을 주목해야할 충분한 이유다.

● 부산 동구 수정2동 79-3

창조도시 부산을 께우다

백수들의 실험실, 생각다방 산책극장

　부산의 남구 대연동, 재개발 예정지라 허름한 주택이 많은 골목 한 곳에 아기자기하면서도 예쁜 정체를 알기 힘든 공간이 있다. 생각다방 산책극장. 세상을 좀 더 천천히 즐기면서 살고 싶던 두 사람이 2011년 4월부터 공간을 물색하기 시작했고 남구청 뒤 골목에 있는 월세 10만원의 주택을 얻어 손수 몇 개월 손을 본 뒤 문을 열었다. 아직도 소녀인 두 사람은 굳이 많은 돈을 벌기 위해 스트레스를 받지 않더라도 즐겁게 잘 살 수 있다는 것을 보여주기 위해 생각다방 산책극장을 만들었다. 백수들의 실험실인 이유이기도 하다.

　대문에서 보면 1층이지만 건물 뒤편에서 보면 2층인 생각다방 산책극장은 아기자기한 물건들은 많지만 삐까번쩍한 물건들은 없다. 제각각 인연으로 자리를 잡은 책상이나 작은 소품 하나하나가 주인장과 지지자들의 애정으로 꼭 어울리는 자리에 놓여 있다. 함께 차를 마시거나 음식을 해서 나누고, 음악이나 영상을 함께 듣거나 보고, 책에 대해 이야기를 나누다가 그림을 그리거나 노래를 부르기도 한다. 분위기 무르익으면 자연스레 함께 술을 마시며 흥에 취하기도 하는 복합 놀이터다.

　따로 열심히 홍보를 하는 것도 아닌데 이런 실험실은 입소문을 타고 전국과 국경을 넘어 백수들이 찾기도 한다. 백수들끼리는 서로를 알아보고 함께 어울리는 비상한 능력이 있는 모양이다. 해가 바뀔수록 백수들의 실험은 확장을 거듭하면서 2012년 3월부터는 『생각산책』이라는 잡지를 만들고 있다. 잡지를 만드는데 참가한 사람들이 보관하기 위해 소량의 종이 잡지를 만들기는 하지만 많은 사람들이 볼 수 있도록 블로그나 메일을 통해 공유되는 독특한 잡지다. 제각각인 필진들만큼 장르와 문체도 다양하다.

　백수들의 실험이 워낙 전방위적이고 어느 것 하나 매력적이지 않은 것이 없지만 2012년 연말부터 시작된 '놀이조합원'은 그 결정판이라고 할 수 있다. 매월 2만원 이상 조합비를 내는 조합원들끼리 다양한 놀 궁리를 하고 매주 금요일 실행해 옮기고 있다. 조합비의 일부를 생각다방산책극장에서만 사용할 수 있는 화폐로 전환해서 사용하는 등 놀아도 다양한 실험과 더불어 놀고 있다. 현재 있는 곳이 재개발이 시작될 예정이어서 자생가능한 장소를 얻기 위해 '지금 당장 없어도 될 만큼'의 출자금을 모으고 있다 하니 만백수들이여 어차피 없다면 없는 만큼 보태고 함께 놀 궁리를 해보는 것도 괜찮겠다.

● blog.naver.com/beluckysuper

창조도시 부산을 꿈꾸다

독립영화 마니아들의 아지트
국도&가람예술관

초창기 부산에서 영화의 중심지는 남포동이었다. 부산극장, 대영시네마, 국도극장 등의 극장이 과거 남포동에서 화려한 전성기를 누렸다. 그러나 2000년대로 접어들면서 멀티플렉스 극장들이 들어섰고, 이들 극장을 포함해 삼성극장, 보림극장, 대한극장 등의 단관 극장들이 하나씩 문을 닫거나 기업 규모의 멀티플렉스로 전환되었다. 국제영화제의 경제적 효과 등의 이유로 부산 영화산업이 남포동에서 해운대쪽으로 분산되었고, 남포동 극장가는 과거의 기세를 더욱 잃어갔다. 대부분의 단관극장들이 자취를 감추는 가운데 마지막 남은 단관극장인 국도극장은 생존을 모색하며 애니메이션 전용관으로, 제한 상영관으로, 그러다 예술영화 전용관으로 계속 탈바꿈하며 간신히 2관만 유지하다가, 2008년에 이르러 남포동에서 자취를 감추었다. 그러나 국도극장은 완전히 사라진 것이 아니라 남구 대연동 부산문화회관 옆으로 이전하면서, 작은 공연이 열리던 가람아트홀과 공간을 함께 사용하는 독립영화 전용관인 국도&가람예술관이 탄생했다.

143개 좌석을 둔 국도예술관은 대부분의 시간에 독립영화를 상영하고 있다. 가끔 가람아트홀 측의 대관일정이 잡혀 공연이 이루어지면 시간표상에 미리 공지가 된다. 네이버 카페를 통해 상영 정보가 제공되다가 지금은 네이버에서 시간표가 바로 검색될 만큼의 인지도를 갖추게 되었다. 국도&가람예술관의 프로그램 중 특히 인지도가 높은 것은 매월 마지막 주차 토요일이면 열리는 정기 상영회인 올빼미 상영회이다. 토요일 밤 11시 50분부터 시작해 아침까지 이어지는 밤샘영화제이다. 예술관 측에서 선정한 세 편 정도의 영화가 밤 동안 상영되는데 20명 이상이 신청해야만 진행된다. 또한 매월 1회 이루어지는 인디애니상영회에서는 10분 내외의 독립애니메이션들을 여러 편 모아 상영한다. 그렇게 국도&가람예술관은 묵묵히, 그리고 굳건하게 문화적 다양성을 지켜나가고 있다.

- 부산 남구 대연4동 965-2 지하1층   • cafe.naver.com/gukdo

대연동 문화골목,
문화공간과 상업공간의 짜릿한 어울림

부산 남구 대연동에는 경성대학교와 부경대학교가 매우 가까운 거리에 있다. 그러다 보니 이 두 대학교 사이에는 밀집한 번화가가 형성되었는데, 대개가 그렇듯 주로 주점, 노래방 등 유흥공간과 음식점, 커피숍 등 상업적인 시설들이 가득하다. 그런 번화가의 한 가운데 작은 골목을 통해 들어가면 마주할 수 있는 독특한 분위기를 가진 공간이 있다. 바로 문화골목이라 이름 붙여진 공간이다.

문화 골목은 번화가의 한 쪽 건물과 건물 사이 골목에 위치해있던 네다섯 채의 이층건물을 고쳐 만든 공간을 아우르는 이름이다. 이곳에는 소극장 '용천지랄', 2만 장의 CD와 LP판이 있는 펍 '노가다', 전통술을 판매하는 '고방', 위스키를 파는 오리엔탈 바 '색계', 커피와 와인을 즐길 수 있는 '다반', 일본식 사케와 한국식 안주를 파는 '몽로', 단체손님들을 위한 노래방인 '풍로', 와인과 맥주 등을 마실 수 있는 '숲 속 부엉이들의 여유', 그리고 공연이나 전시 기획자들을 위한 게스트 하우스 '선무당'이 자리를 잡고 있다.

문화 골목 안의 좁은 기역자 골목은 그 자체로 하나의 박물관 같은 분위기를 풍긴다. 곳곳에 놓여있는 옛날 우편함, 낡은 자전거, 작고 예스러운 의자나 벤치, 자그마한 연못 등은 번화가에서 몇 걸음으로 타임머신을 탄 것 같은 기분을 느끼게 해 준다. 빼어난 인테리어 감각을 느끼게 하는 건 이 좁고 감각적인 골목만이 아니다. '노가다'에 들어서면 커다란 전선감개를 테이블로 쓴다거나, 70년대 초등학교에나 있었을 법한 자그마한 나무의자를 가져와서 의자로 사용한 것을 볼 수 있다. 커피숍 '다반'의 중앙 바의 상판은 옛날 대문 문짝이다. 재활용품과 함께 타자기, 구식 전화기 등 고풍스러운 골동품과 재활용품이 잘 어울려 고풍스런 분위기를 연출하고 있다.

이 공간은 2008년 리모델링 및 친환경 부문에서 '부산다운 건축상'을 수상한 바 있다. 문화골목의 대표인 건축가 최윤식과 갤러리관장 박봉련은 문화 골목을 복합문화공간으로 꾸려가고 있다. 문화골목에서는 다양한 전시, 각종 뮤지컬과 연극 공연, 흘러간 음악들이 기다리고 있다. 청년문화가 자리 잡아야 할 대학로에 유흥가만 들어차고 있는 요즘, 문화골목은 상업 공간과 삶의 문화가 새로운 조화를 이루어 가는 모습을 보여주고 있다.

• 부산 남구 대연3동 53-29   • blog.naver.com/golmok58

라이브공연과 교류의 무대,
경성대 클럽거리

경성대학교 인근의 클럽문화는 라이브클럽보다는 힙합이나 디제잉을 중심으로 진행되고 있다. 과거 경성대 앞의 클럽은 유흥의 장소에 가까웠다. 하지만 부산에서 라이브클럽씬을 주도했던 부산대 인근 클럽들의 역할이 서면과 경성대 지역으로 골고루 분포되기 시작하면서 경성대 앞 클럽들이 새롭게 주목받고 있다

마니아들이 있고, 공연이 빈번하게 열려 인지도 면에서 이미 일정 수준을 넘어선 재즈클럽 몽크는 이변이 없는 한 경성대 앞의 클럽문화를 주도할 것으로 보인다. 경성대 앞의 라이브클럽을 대표하는 곳으로는 바이닐언더그라운드와 리얼라이즈가 있다. 바이닐언더그라운드는 지역밴드와 전국 단위의 공연을 함께 진행한다. 리얼라이즈는 지역밴드를 중심으로 공연을 진행함으로써 경성대 앞 라이브클럽의 균형을 맞춰가고 있다. 또 기본적으로는 디제이 플레이가 진행되고 힙합공연이나 간단한 라이브공연도 가능한 올모스트페이머스, 패브릭, 15언더핏 등이 있다. 이 세 클럽은 공연도 공연이지만 교류를 위한 장소로 더 부각된다.
    경성대 앞의 클럽문화는 다른 지역에 비해서 소규모로 진행되고 내부의 커뮤니티가 형성돼 있는 곳이 많다. 그리고 많은 외국인들이 클럽을 찾으면서 자연스럽게 부산에 거주하는 외국인들 간에 교류의 장이 되고 있다. 서면과 해운대의 클럽들이 점점 대규모화 되어 상업화의 길을 가고 있는데 반해 경대의 클럽문화는 아직은 각 공간의 개성을 유지하고 있다.

- **올모스트 페이머스.** 부산 남구 대연동 55-2
- **리얼라이즈.** 부산 남구 대연동 54-29
- **패브릭.** 부산 남구 대연3동 60-13
- **15언더핏.** 부산 남구 대연3동 512-7

창조도시 부산을 깨우다

가치를 다시 묻는 청소년들의, 인디고 서원

학문의 엄중함도 지켜나가지 못하고 일상이나 대중과 호흡하지도 못했던 인문학은 IMF 이후 꾸준히 위기론에 휩싸여 있었다. 엉뚱하게도 2010년 전후 부산에서는 여러 자생적인 인문학 모임과 공간들이 곳곳에 생겨나게 되는데 대학을 벗어난 인문학의 흐름은 좀 더 일상과 현실 가까이에서 기능하며 다양한 방식으로 인간과 현재 인간이 처한 삶의 조건들을 살피고 있다.

그 중에서도 2004년 만들어진 인디고 서원은 청소년과 인문학이라는 조합도 신선했지만 그 발생의 시기도 다른 인문학 단체나 공간보다 빨랐다. 허아람 대표가 유럽의 책방을 둘러보다 영감을 얻어 여행에서 돌아오자마자 만들었다고 한다. 책을 통해 문화를 느낄 수 있는 책방을 만들면서 마땅히 즐기고 놀 거리도, 인식을 확장하고 성장할 계기나 장소도 부족한 청소년들을 위한 인문학 서점으로 만들었다.

실제로 인디고서원은 단순하게 책을 판매하는 서점이 아니라, 한 달에 한 번 '주제와 변주'라는 고정 세미나, 정의로운 세상을 꿈꾸는 청소년들이 세계와 소통하기 위한 토론인 '정세청세' 등 다양한 독서 및 인문학 프로그램을 진행하고 있다. 이를 통해 인디고서원의 청소년들은 대학의 인문대 학생도 가지기 힘든 폭넓은 인문적 식견으로 세상을 바라보고 목소리를 내는 청년들로 성장하고 있다.

이런 독서와 토론을 통한 청소년들의 인문학적 고민과 성장은 2006년부터 청소년들이 직접 발행하는 청소년 인문교양지 '인디고잉(INDIGO+ing)'을 통해 확인할 수 있다. 또 인디고의 청소년 및 대학생들이 세계의 다양한 인문학자나 활동가를 만났던 여정을 바탕으로 2008년부터(2년마다) 인디고 유스 북페어를 개최하고 있다. 세계적인 학자들과 실천가들을 직접 만나러 다녔던 청소년들이 2010년 인터뷰를 바탕으로 '가치를 다시 묻다'라는 책을 펴냈다. 그리고 그 경험을 확장해 한국, 네팔, 스웨덴, 영국의 청년들이 함께 만드는 국제판 인디고를 공동 발간하고 있다.

인문학의 죽음이 화두에 휩싸이던 시기에 탄생한 인디고와 그 속에서 인문학의 날을 세운 청소년들의 활약을 통해 오히려 인문학의 가치를 다시 한 번 고민하게 된다.

• 부산 수영구 남천동 20-7   • www.indigoground.net

창조도시 부산을 꺼무다

오륙도와 광안대교를 한눈에, 이기대 갈맷길

　부산을 걸어서 돌아볼 수 있는 부산 갈맷길 700리. 총 8개 갈맷길 중 제2코스가 해운대 달맞이길 부터 시작하여 해운대, 수영만, 민락동, 광안리 해수욕장을 거쳐 광안대교 아랫길로 지난 뒤 이기대를 거쳐 오륙도 유람선 선착장까지 가는 총 18.3km의 코스이다. 이 제2코스의 끝머리에 있는 이기대는 사실 부산 사람들도 잘 모르는 곳이다. 이기대가 있는 용호동이 외진 곳이다 보니 특별한 일이 아니고서는 방문할 일이 별로 없는 곳이다. 하지만 한 번 이기대를 찾아본 사람은 안다. 이곳이 부산에 있는 해안 산책로들을 통틀어 가장 시원스러운 정경을 보여준다는 사실을.
　그 중에서도 이기대로 들어서는 동생말에서 내려다보는 풍경이 가장 아름답다. 오른쪽으로는 새파란 바다가 광활하게 펼쳐지고, 왼쪽으로는 광안대교의 좌측 후면이 웅장하게 서 있다. 이곳의 미덕은 부산의 바다를 바라보는 독특한 시선이다. 해안산책로를 따라 걷다 보면 절벽 위로 올라갔다가 바다까지 다시 내려가는 등 시선의 이동이 활발하다. 그러면서도 걷기 어려울 정도 힘들지 않아 좋다. 흔들다리를 비롯해 산책로가 잘 조성되어 있고, 한 끝에는 공연장인 어울마당이 있다.
　또, 광안대교를 바라보는 여러 포인트가 이 제2코스에 모두 있다. 정면에서 보는 황령산 전망대, 우측 후면에서 보는 달맞이고개, 좌측후면에서 보는 이기대공원의 풍광은 모두 일품이다. 갈맷길 코스를 따라서 걷다보면 광안대교를 중심에 두고 여러 각도에서 바라보는 재미도 매력이다. 이기대를 지나 오륙도까지 내려가면 바로 눈앞에 오륙도의 섬들이 놓여 있다. 헤엄쳐서 가면 금방 닿을 것 같은 거리다. 이곳 선착장에서는 날씨가 좋으면 오륙도 등대로까지 들어갈 수 있는 유람선이 다닌다.
　광안대교에서 갈맷길을 따라 오다보면 이기대로 올라오는 바로 앞에 있는 작은 어촌마을이 섶자리이다. 이곳 역시 외진 곳이지만, 아는 사람들 사이에는 이곳의 회가 싸고 맛있기로 유명하다. 여섯 시간을 걷는 코스가 힘들다면 이곳에 머물러서 싱싱한 회와 더불어 휴식을 취하는 것도 좋겠다.

- 부산 남구 용호3동 29　● 051.607.6361(공원관리사무소)

광안리의 속살

다른 도시의 사람들에게 광안리나 해운대는 같은 관광지로 인식될 것이다. 풍기는 분위기나 유명 숙박시설, 혹은 광안대교와 같은 시설물의 차이 정도는 말할 수 있겠지만 거기서 거기가 아닐까. 하지만 두 해수욕장의 분위기나 지역에서 차지하는 위상은 확연히 다르다. 아마도 가장 큰 차이는 주거시설의 여부일 것이다. 물론 광안리도 해운대와 마찬가지로 해변에는 커피숍이나 호텔 등의 상업시설이 즐비하다. 그러나 바로 한 블록만 빗겨나면 평범한 주택가가 나타나 매해 수많은 인파가 지나는 관광지라 하기엔 평범한 도시 주거지역의 분위기를 풍긴다.

그래서 광안리는 기억을 가진 장소가 될 수 있다. 그것이 광안리 해변에서 자라며 어린 시절을 보낸 이들이 〈안녕 광안리〉 잡지를 만들 수 있는 배경이며, 밴드 ANN이 '눈부신 물빛 위에 춤추는 햇빛 / 터질 듯 뜨겁던 그해 광안리 / 축복이라 느껴왔던 그 수많은 시간 / 아직 지나가 버린 얘긴 아니지'라며 광안리를 노래할 수 있는 이유이다. 또한 부산청년문화수도 〈그래피티 부산〉 프로젝트가 민락어민활어직판장 주차타워 외벽에 '나이든 어부의 초상'을, 인근 광남초등학교 옆 담벼락에 '세상을 관찰하는 빅보이' 작품이 그려진 까닭이다.

'나이든 어부의 초상'의 경우 독일작가 ECB(Hendrik Beikirch)가 광안리 민락항에서 작업하는 어부들을 인터뷰하고 사진을 찍으면서 만났던 80대 중반의 실제 어부를 대상으로 만들어진 작품이다. 광안리는 여전히 물질을 하는 해녀들과 어부들이 지역에 뿌리내리고 살아가는 곳으로 바로 그들의 삶의 흔적을 담은 것이다. '세상을 관찰하는 빅보이'의 그림도 마찬가지다. 부산에서 활동하는 작가 KAY2(구헌주)는 사회적 메시지가 강한 작품을 주로 그려내는데, 다양한 세대와 계층의 사람들이 모이는 광안리의 장소적 특성을 고려하여 작품주제를 선정하였던 것이다.

광안리는 겉으로 드러나는 화려한 시설들 보다는 그 속에 숨겨진 속살도 같은 지역의 기억으로 만들어지는 장소이다. 수많은 시간들과 사람들의 추억들이 켜켜이 쌓인 광안리가 오늘도 우리를 부른다.

• 광안리해수욕장. 부산 수영구 광안동 192-20 (지하철 2호선 광안역)

창조도시 부산을 깨우다

문화매개공간 쌈,
작은 공간 큰 이야기

부산 수영지하철역의 개찰구를 나와 독특한 이름의 안내판을 따라 걷다보면 지하상가 사이에 자리 잡은 아늑한 카페를 하나 발견할 수 있다. 부산교통공사가 지원하고 부산문화예술 전문가들이 운영하는 '문화매개공간 쌈'이다. 2009년 12월 수영역 지하상가 4번 출구 방면 상가에 개소한 쌈은 다양한 문화예술의 정보를 제공하고 자료를 비치해 둘 뿐만 아니라 문화예술 관련 교육, 강좌, 모임장소 제공에서부터 지역 작가들의 예술작품도 전시하는 공간이다.

Suyeong Station Art Mediate Space의 준말인 쌈(SSAM)은 지역 문화예술인들의 노력으로 시작되었다. 지하철 역사의 공간을 적극적으로 활용하여, 문화예술이 곳곳에서 살아 숨 쉬는 부산을 꿈꾸는 문화예술인들이 몇 년간에 걸쳐 부산교통공사를 설득하여 만들어낸 공간이다. 상가들 밖에 없는 투박한 지하도가 불특정 다수의 오고가는 시민들이 문화를 매개로 모여 노는 공간으로 바뀌었다.

쌈의 대표적인 프로그램은 이름만 들어도 군침(?)이 도는 '쌈수다'이다. 2010년 1월부터 열린 '쌈수다'는 매주 화요일 부산에서 10년 이상 활동한 30~40대의 지역 문화예술인들을 초대하여 그들의 재능기부로 열리는 일종의 토크쇼이다. 매주 한 명씩 연극인, 댄서, 영화감독, 연출가, 평론가, 음악가 등 다양한 분야의 문화예술인들이 대중과 소통해온 이 프로그램은 어느새 100회를 훌쩍 넘기면서 지역 문화예술인 '백서'가 되어가고 있다. '아무 때나 딴죽 걸고, 아무 이야기로 끼어들기'가 원칙인 쌈수다는 매번 뒤풀이 '술수다'로 이어지며, 의미 없이 지나쳐 갈 뿐인 지하철역을 한데 모여 웅성웅성 거리는 장으로 바꿔가고 있다. 최근에는 이러한 성과들을 모아 2013년 현재까지 2권의 책(작은 공간 큰 이야기, 호밀밭)으로 묶어냈는데, 계속해서 발간해낼 예정이라 하니 사뭇 기대가 된다.

더불어 지역 청년 미술가들의 기획전도 빠뜨리기엔 알찬 프로그램이다. 2주 단위의 기획전은 2010년 1월 이후 지금까지 계속되고 있으며, 쌈 기획전 이후 다양한 전시활동을 펼치고 있어 신진 미술가를 발굴하는 곳으로 자리 잡아 가고 있다.

- 부산 수영구 광안동 1077, 부산 지하철 2,3호선 수영역사 내
- cafe.naver.com/artspacessam

창조도시 부산을 꿈꾸다

해운대 해수욕장과 달맞이고개

부산에 대한 상징인 해운대해수욕장은 일광욕이나 물놀이를 위해 찾는 휴양지로서의 여타 바다와는 다르다. 아쿠아리움, 동백섬 등의 볼거리 뿐 아니라 한화콘도, 조선비치호텔 등 대규모 숙박시설들이 인접해있다. 해운대 백사장 바로 몇 미터만 벗어나면 수많은 음식점과 위락시설들이 즐비하고 인근에 시립미술관, 벡스코, 영화의 전당 등 대형 문화시설과 백화점들이 있다. 이처럼 바다도 바다지만 갖가지 위락시설이 더해져 도시형 해수욕장이라 할 만하다.

해운대해수욕장을 찾는 관광객들도 단순히 바다를 즐기기 위해서만이 아니라 북적대는 사람들 틈에서 부대끼며 놀아보는 것에 대한 기대로 찾기도 한다. 그것을 잘 보여주는 것은 매 년 갱신되어 기네스 기록으로 언급되는 파라솔의 숫자이다. 한적한 바다, 편안한 물놀이가 아니라 북적거리는 바다, 바다와 인접한 도심에서 뒤섞여서 질펀하게 놀기 위해서 찾는 곳이 바로 해운대다. 낮 동안 물 반 사람 반으로 출렁대던 해운대는 밤이 되면 즉석미팅(부산사람들은 이를 '까대기'라고도 한다)에 대한 부푼 기대를 품고 짝을 찾아 헤매는 젊은이들의 다양한 억양들이 뒤섞이는 곳으로 변모한다. 이밖에도 해운대해수욕장에서는 해맞이 축제, 북극곰 수영대회, 달맞이 온천축제, 부산바다축제, 모래축제, 부산국제무용제 등 다양한 행사가 열리며 문화예술의 공간으로도 활용되고 있다.

또 해수욕장은 달맞이고개로 이어진다. 달맞이고개는 언덕에서 내려다보는 바다의 풍경과 문텐로드라는 산책길, 고갯길을 따라 레스토랑, 갤러리, 김성종 추리문학관 등이 있어 또 다른 명소가 되고 있다. 고개 위의 해월정 앞에서는 매주 주말 달맞이 아트 프리마켓이 열리고, 5월에는 '달맞이언덕 철학축제'가 열린다.

해운대 일대는 여름 휴가철 전국에서 다양한 사람들이 찾을 뿐 아니라 부산의 시민들도 사시사철 산책로나 휴식의 공간으로 이용하고 있다. 최근 젊은 예술가들이 자신의 작업을 대중과 공유하는 방식으로 버스킹을 택하면서 사람들이 많이 오가는 해운대해수욕장에서 다양한 공연을 펼치고 있다. 대형 위락시설 뿐 아니라 이런 예술가들의 자발적인 버스킹이 더해져 도시와 바다를 한 번에 즐길 수 있는 해운대를 더 멋스러운 곳으로 만들고 있다.

- **해운대해수욕장**. 부산 해운대구 중동 1015   • **달맞이고개**. 부산 해운대구 중1동
- sunnfun.haeundae.go.kr

창조도시 부산을 꿈꾸다

대한민국 현존하는 最古(최고: 가장오래됨)의 종합 서점, 영광도서

부산에서 제일 큰 서점 하면 떠오르는 곳이 서면 영광도서이다. 몇 년 전 이 질문을 사람들에게 했다면 동보서적이 아니냐는 얘기도 간간이 들렸을 법 하지만 2010년 9월 동보서적이 폐점한 이후로 영광도서는 서면 땅에 유일하게 버티고 있는 부산의 향토 서점이다. 1968년에 개점한 영광도서는 국내에서 현존하는 '가장 오래된 대형 서점'이다. 최근 10년 사이 전국의 주요 도시에서 랜드 마크 역할을 해오던 서점 대부분이 줄줄이 도산하거나 축소되면서 얻게 된 수식어이다.

인근에 살고 있는 청소년들은 그저 학습지나 잡지, 자격증 관련 서적을 파는 곳 정도로 생각하겠지만 영광도서는 지하 1층~지상 4층 1,000평 규모의 주제별 총 46만여 종, 120만여 권의 방대한 도서를 보유하고 있는 대형서점이다. 책을 공급받는 거래처만도 기존 출판사, 대학, 연구소 등을 포함하여 5천500여 곳이나 된다고 한다.

서점을 하면서 김윤환 대표가 가장 보람 있어 하는 일 가운데 하나는 전문 비평가와 작가, 독자가 직접 만나는 자리인 '영광 독서토론회'다. 1993년 처음 시작한 독서토론회는 2012년 9월까지 총 158회에 개최되었고 그동안 30,000여명의 독자, 632명의 평론가 및 유명작가가 참석하여 '부산 기네스 베스트 TOP10'에 들기도 했다. 또한 강연회,강좌,포럼 등 다양한 문화예술 행사들이 개최되고 있다. 그 밖에도 서점 내에는 미술, 사진전을 위한 영광갤러리, 책을 읽으며 차를 즐길 수 있는 북카페 가 운영되고 있다. 그야말로 복합 문화공간인 셈이다.

단순히 오래된 서점으로서가 아니라 부산의 역사와 문화자원으로서 영광도서를 다시 한 번 생각해보게 된다.

• 부산 부산진구 부전1동 397-55   • www.ykbook.com

서면에 서면, 클럽 문화

클럽이라 함은 90년대 중반부터 서울 홍대를 중심으로 시작되었던 라이브클럽, 즉 라이브로 공연이 이루어지는 곳들을 떠올리기 쉽다. 그런데 최근 클럽데이가 생겨났다는 서면은 라이브클럽이라기 보다는 라운지클럽, 즉 디제이들의 플레이에 맞춰 춤추는 클럽들이 늘어나고 있는 추세이다. 매월 마지막 주 금요일에 진행되는 이 클럽데이에는 부산의 청춘들이 모여들어 그 열기가 심상치 않을 정도로 북적이는 풍경이다.

이러한 현재의 분위기와 달리 과거 서면은 부산을 대표하는 라이브클럽 625가 있었던 지역이다. 625는 1999년 서면에 문을 연 이후 다양한 활동들과 자체 컴필레이션 음반(블루호텔 vol.1)까지 발매하는 등 활발하게 활동했으나 여러 가지 사정으로 인해 2003년에 문을 닫았다. 이후 서면에서는 특이할 만한 라이브클럽의 활동이 없었으나, 2012년 11월에 OZ HALL이 문을 열면서, 서면의 라이브클럽이 다시 되살아날 것으로 기대된다. 최대 600명 규모의 스탠딩공연이 가능한 이 공연장은, 부산에서 활동하는 뮤지션들뿐만 아니라 다른 지역의 뮤지션들도 적극적으로 이용하고 있다. 실제로 부산이나 인근 경남에는 소형 공연장과 초대형 공연장 사이에 인디뮤지션들이 이용할 수 있는 중대형 공연장이 거의 없었다. 그래서 개관 이후 짧은 시간이었지만 OZ HALL에서 열렸던 다양한 공연들과 앞으로 계획되고 있는 공연들은 그동안 지역 뮤지션들이 공연장에 대해 가지고 있던 갈증이 얼마나 큰 것이었는지를 보여준다.

서면은 대형 라운지 클럽과 라이브 홀이 생겨나면서 여느 대학거리보다 더 청춘의 에너지가 느껴지는 거리가 되고 있다. 부산 최대의 중심가라는 점과 클럽들의 개장이 맞물리는 와중에 최근 부산진구청에서도 서면에 특화거리를 조성하고 젊은 예술가들과 함께 길거리 공연 등 문화행사를 지속적으로 개최하고 있다.

- **오즈홀**. 부산 부산진구 부전동 467-1 영동프라자 지하1층   www.livehalloz.co.kr
- **픽스**. 부산 부산진구 부전동 186-1번지 쥬디스신관 8, 9층

다시 찾은 하야리아 부대와 부산시민공원

굴곡진 한국 근현대사의 아픔이 부산이라고 빗겨 나갈리 만무하다. 부산이 가졌던 역사적 아픔이 새겨진 공간 중 하나가 바로 부산진구 범전동의 하야리아 부대일 것이다. 일제강점기 시대 일본인들을 위한 경마장으로 사용되었던 지금의 하야리야 부대 터는 광복 직후 미군이 접수하여 사용하면서 아주 오랫동안 부산시민의 땅이 아니었다. 물론 하야리아 부대는 미국의 문물이 교류되는 장소이자 지역사회에 주요한 외화 수입원이었지만 미군들에 의한 각종 범죄와 성매매 문제 등으로 인해 시민사회는 일찍부터 반환 요청을 제기해왔다. 부대가 만들어질 당시 이 지역은 부산의 중심지였던 중구에서 멀리 떨어진 도시외곽이었다. 이후 부산이 산업화를 거쳐 급격히 성장하면서 부산진구 일대가 새로운 도심이 되자 하야리아 부대에 대한 시민들의 반환 요구는 더욱 거세졌다. 그러다 2010년 8월 드디어 100년 만에 그 땅이 부산시민에게 돌아왔다.

옛 하야리아 부대 터는 시민들에게 개방되었고, 현재 2014년을 목표로 부산시민공원이 들어설 예정이다. 부산시민공원 홈페이지와 지역 신문들의 보도에 따르면 부산시민공원은 부산을 상징하는 세계적인 도심공원이자 시민들의 휴식 공간, 관광 이벤트의 장을 조성하는 것을 목적으로 추진되고 있다. 서울 여의도 공원에 몇 배에 이르는 부지에 조경공사를 시작으로 놀이시설, 운동시설, 휴게시설 등 127종의 시설물 설치와 역사관 공사, 각 시설들에 대한 리모델링 사업들이 현재 한창 추진 중이다. 또 국립아트센터도 들어설 예정이라 하니 지역 문화예술계에 반가운 소식이다.

하야리야 부대의 정식명칭은 캠프 하이얼리어(Camp Hialeah)으로 발음이 어려워 보통 하야리아라고 불렸는데, 여기에는 두 가지 설이 있다. 하나는 광복 후 부산에 처음 들어온 한 병사가 미국 플로리다주(州)에 있는 경마장의 이름을 따다 붙였다고 하는 것과 또 다른 하나는 주한미군부산기지사령부가 주둔하고부터 당시 초대사령관의 고향인 '베이스 하야리아'에서 유래되었다는 것이다. 그런데 하야리아란 미국 원주민의 언어로 '아름다운 초원'이라는 의미도 가지고 있다고 한다. 그 뜻처럼 부산 시민들에게 아름다운 초원으로 거듭나기를 기대한다.

- 부산 부산진구 범전동 100   • citizenpark.busan.go.kr

초대형 전통시장, 부전시장

1950년 한국전쟁 이후 부산근교 기장의 피난민들이 새벽기차를 타고 지금의 부전역에 내려 골목골목 농축산물 난전을 펴면서 형성된 부전시장은 현재 부전시장, 부전인삼시장, 부전종합상가, 부전상가, 서면종합시장, 부산전자종합시장 등 6개시장이 부전마켓타운이라는 이름으로 운영되고 있다. 그래서 '부전시장'이란 명칭은 6개 시장 혹은 상가 중 하나를 말하는 것이지만, 대부분의 사람들은 이 모두를 뭉뚱그려 부전시장이라 부른다. 규모를 빼고 본다면 먹을거리가 즐비한 보통의 시장과 별반 다를 것이 없어 보이지만 소매와 도매를 병행하는 점포들이 많아 시중가보다 20~30% 가량 값이 싸다. 도매 점포의 물건들은 대형마트로, 농산물류는 부산 곳곳으로 납품하기도 하는데 흥미로운 것은 다른 지역시장에서 물건을 떼와 팔기도 한다는 점이다.

2006년 8월에 부전마켓타운을 결성한 이후 같은 해 12월에는 재래시장 및 상점가 육성을 위한 특별법에 의거해 '부전마켓타운 시장활성화구역'으로 지정되었다. 지금까지 6개 시장번영회 대표가 재래시장 활성화를 위해 환경개선사업과 공동마케팅 홍보 및 이벤트, 상인대학 운영을 통해 상인의식수준을 높이는 등 서비스 향상을 위해 안팎으로 노력중이다. 또 2010~11년에는 부전시장이 문화관광부의 〈문화를 통한 전통시장 활성화 시범사업〉에 선정되어 다큐멘터리 제작, 시장스토리텔링, 시장통비엔날레, 시장통영화제, 상인기획단, 거리극 공연, 상인쉼터 사랑방 조성 등 다양한 프로그램으로 시장에 젊음의 활력을 더하기도 했다. 점차 상인들도 고령화 되어가는 추세이지만 그들의 아들, 딸들이 가게를 이어받거나 함께 운영하면서 그 맥을 조금씩 이어가고 있다고 한다.

그렇게 대형마트의 틈바구니 속에서도 다양한 노력들을 통해 부전시장은 오늘도 살아 숨 쉬고 있다. 문광부 '문전성시 프로젝트'의 아이콘이었던 실크로드의 '낙타'처럼 대형마트의 틈바구니에서도 전통과 현대를 이어주는 부전시장의 생생한 생명력과 규모를 느껴볼 수 있을 것이다.

- 부산 부산진구 부전동 573-3   • www.bujeonmarket.co.kr

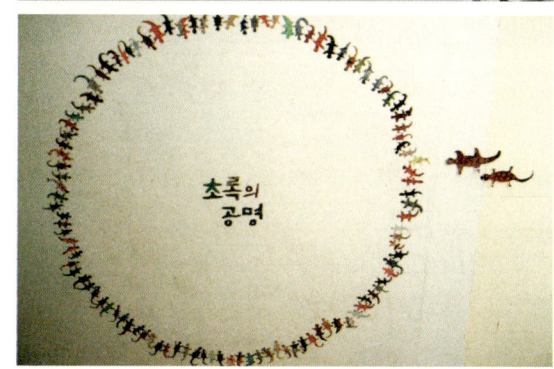

누구나 주인인 곳, 공간초록

"공간초록은 언제나 비어 있습니다. 주인도 없고, 관리하는 사람도 없습니다. 가난하지만, 척박한 도시에 새로운 문화의 씨앗을 뿌리고자 하는 모임이라면 누구나 이용할 수 있습니다. 차 한 잔 마시며 동무랑 이야기만 나누셔도 좋습니다. 공간초록 툇마루에 처음 발을 디디는 순간, 여러분이 주인이고 관리인입니다. 자발적이고 자율적인 모임과 개인들이 함께 모여 공간초록은 흘러갑니다. (공간초록의 인터넷 소개문)"

부산 연제구 거제동(부산교대 앞)에 위치하고 있는 공간초록(이하 초록)은 2006년 여름 뜨거운 땡볕 아래에서 지율스님을 비롯한 많은 사람들이 땀을 흘리고 품을 팔아 만든 일반주택 구조의 공간이다. 초록은 생태와 문화가 어우러진 아름답고 평화로운 공간을 지향하며 탄생하였다. 그래서 여타의 공간들과 달리 상주하여 관리하는 운영자 없이 항시 문을 열어두고, 이용을 원하는 누구나 무료로 사용할 수 있도록 비워둔 채 지난 6년 동안 운영되어왔다. 누구든 초록의 홈페이지에 회원가입을 하여 〈초록방잡기〉라는 간단한 일정표에 등록을 하면 언제든 초록을 이용할 수 있다. 그래서 그간 뜻이 맞는 이들이 삼삼오오 모여 학술/독서 모임, 강연회, 영화제, 음악회, 생태환경수업 등이 진행되었다. 특히 인문·문화·생태에 대한 주제로 사람들이 만나고 교류하는 공간으로 자리를 잡았다.

미닫이 대문을 밀고 들어서는 순간 작은 뜰과 이름 모를 야생화, 그리고 단아한 분위기가 손님을 반긴다. 주인이나 관리자가 없다는 사실이 믿기지 않을 정도로 깔끔하게 정돈되어 있는 초록은 개인화된 대도시의 삭막한 현실을 생각할 때 기적 같은 공간이다. 초록이 지난 6년을 이렇게 운영해온 힘은 공간을 찾는 사람들이 누구나 주인이 되어 공간을 가꾸는 개개인들의 자발성에 있다. 공간을 찾는 동네주민과 모임의 회원들은 누가 시키지 않아도 초록의 청소나 보수 등의 관리를 해왔다. 초록을 많이 이용하는 모임은 자진해서 후원회비를 관리하고 월세 납부 등의 재정을 담당하지만 결코 주인행세를 하지는 않는다. 복잡한 규칙과 규율이 아닌 연대와 소통으로 서로 다른 사람들과 모임들이 어우러지고, 누구나 주인이 되어가는 새로운 삶의 양식을 보여주는 초록은 부산만의 독특한 공간이다.

- 부산 연제구 거제동 89-53 • www.spacechorok.com

창조도시 부산을 게문다

문화가 흐르는 온천천

외지인이 '부산'을 떠올리면 대개가 바다이고 찾는 것도 거의 바다다. 여름만 되면 해운대 해수욕장은 모래사장의 길이대로 깔린 파라솔이 더 큰 명물이 될 정도다. 요즘이야 아스팔트길이나 콘크리트 건물에 막혀 모래가 보충되지 않아 트럭으로 공수하지만 도시화 이전 해운대나 광안리의 모래사장은 온천천이 수영강으로 넘긴 모래도 한 몫을 했을 것이다.

사람들이 붐비는 전철역을 조금만 빗겨나면 이 온천천이 있다. 변화하고 빠르게 움직이는 대도시의 거리에서 고작 몇 미터를 빗겨났을 뿐인데 이곳은 분위기 자체가 다르다. 편안한 차림으로 산책을 하거나 자전거를 타는 주민들, 학교나 직장에서 돌아가는 길로 온천천을 택한 사람들, 햇볕 속에서 커피나 맥주를 마시며 담소를 나누는 연인들, 손자와 함께 느릿느릿 걷는 노부부들의 모습은 잠시 시간이 멈춘 도시의 풍경이다.

온천천은 범어사 뒤쪽의 고당봉에서부터 흘러내린 물이 수영강을 거쳐 해운대까지 흐르던 자연천이었다. 이를 빠른 도시화 과정에서 콘크리트로 덮는 바람에 오물이 흐르고 썩은 냄새가 진동하는 골칫거리가 되었다. 90년대 후반부터 진행된 온천천 살리기 운동을 통해 복개를 걷어내고 지금은 낙동강의 물을 끌어와 흘려주는 등의 보완으로 생태하천의 모습으로 바뀌어가고 있다. 뿐만 아니라 사람들이 다시 산책과 휴식의 공간으로 온천천을 찾기 시작하면서 다양한 문화예술의 시도가 이루어지는 공간이 되고 있다.

부산대 인근의 경우 금정구에서 종종 공연을 마련하고, 상시적으로 프리마켓 아마존이 열리고, 프리스타일 힙합이나 버스킹의 무대가 된다. 또 넓은 산책로가 조성된 연제구와 같은 경우에는 좀 더 큰 규모로 연제한마당축제를 개최하여 시민들이 즐겁게 봄을 보내기도 한다. 그렇게 온천천은 다양한 문화예술활동이 시도되는 부산의 중요한 야외공간으로 자리매김하고 있다. 시민들의 자발적인 하천 살리기로부터 시작된 온천천의 변화는 아직 보완해야할 부분이 있겠지만, 거대한 인공하천인 서울의 청계천이 흉내내기 힘든 도시화에 대한 성찰이 반영된 결과이기도 하다.

- 부산 금정구, 동래구, 연제구, 수영구를 따라 흐르는 천
- oncheon.dongnae.go.kr
- blog.naver.com/citymyth

창조도시 부산을 깨우다

한국 그래피티의 역사를 가로지른 온천천

　현대 미술의 중요한 장르로 각광받는 그래피티(graffiti)는 오늘날에는 그 특유의 예술적인 기발함과 유쾌함으로 도시 자체의 창의성을 높이는 중요한 자원이 되고 있다. 그래피티 작가 뱅크시(Banksy)의 작품을 보기 위해 런던을 찾는 관광객들을 위해 런던시청에서는 뱅크시 작품의 루트가 담긴 관광지도까지 제작하였다고 하니, 그래피티를 단순하게 불법 낙서나 장난으로 보는 시각은 이제 폐기되어야 할 것이다. 그런데 부산이 한국 그래피티의 역사에서 중요한 장소였다는 것을 아는 사람이 얼마나 될까?

　불과 3~4년 전만 하더라도 부산대학교 지하철역 아래의 온천천 산책로 벽면 약 2km는 '그래피티 메카, 성지'로 불린 곳이다. 1990년대 후반 일명 '똥다리'라 불리던 시절부터 한국의 그래피티 작가들뿐만 아니라 국경을 초월한 다양한 지역의 작가들이 몰려들어 자발적으로 그래피티를 남겼다. 이후 지역 주민에겐 일상적인 예술 공간이 되었고, 박찬욱 감독의 영화 '올드보이'의 촬영 현장이 되는 등 많은 주목을 받았던 곳이다. 그러나 지난 2010년 여름 부산시는 하천정비라는 이유로 부산대역사 일부 구간만 형식적으로 남겨두고 온천천의 그래피티 구간을 완전히 없애버렸고, 당시 활동하던 많은 그래피티 작가들이 서울 등지로 떠나게 되었다.

　최근 이를 안타깝게 생각하던 지역의 청년문화예술인들이 이 책에서도 소개한 2011 부산회춘 프로젝트와 2012 부산청년문화수도 프로젝트 등으로 조금씩 그 불씨를 살리려 노력하고 있다. 두 프로젝트를 통해 부산대학교 지하철역 교각, 그리고 주변의 상가 벽들. 광안리 해변 주변의 주차타워, 초등학교 담벼락 등에 그래피티 작업이 남겨졌다. 이 작은 움직임들을 시작으로 도심을 채우는 새로운 상상력의 그래피티가 부산의 거리를 예술로 뒤덮길 기대한다.

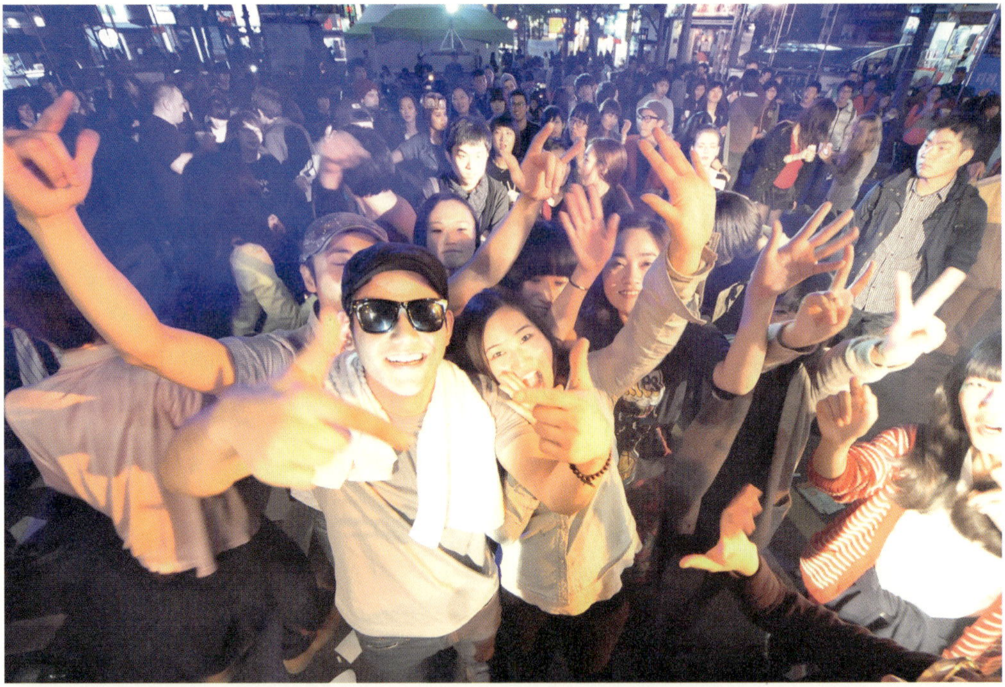

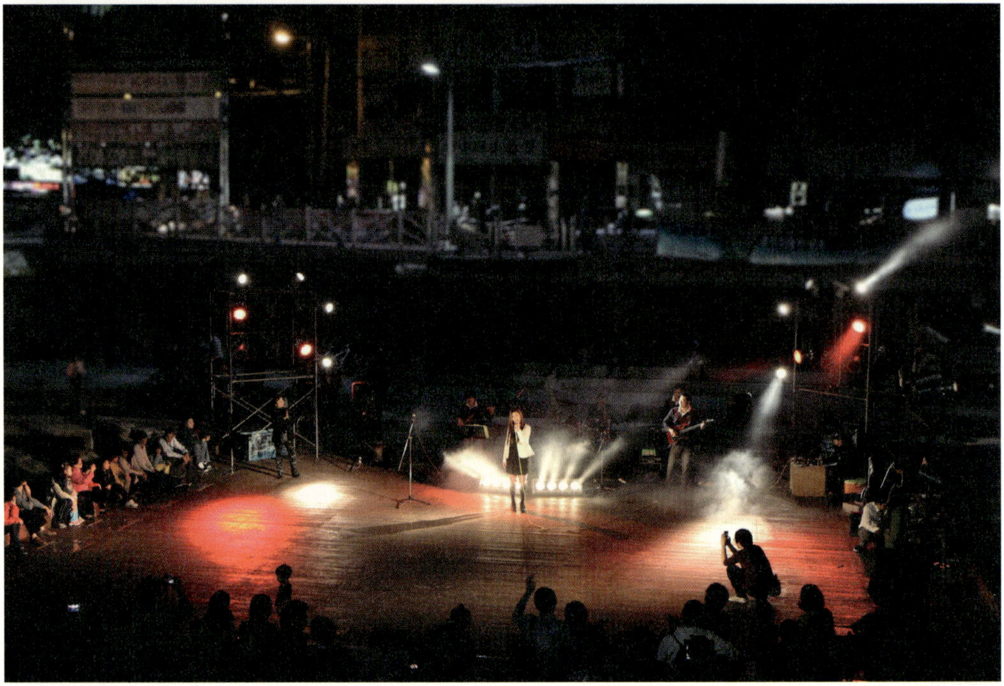

청년들의 무대가 되다, 부산대 거리문화

요즈음 부산에 '대학거리'라고 부를 수 있는 공간이 있냐고 묻는다면 답하기 망설여진다. 대학거리가 지니는 느낌들은 대체로 청년, 문화, 지성, 때로는 일탈, 자유 등 자본주의 대도시의 때가 묻지 않은 어떤 이상향 같은 곳과 맞닿아 있다. 하지만 부산의 대학교 앞을 보면 여느 중심가와 다를 바 없는 모습을 보여주고 있기 때문이다. 즐비한 핸드폰 가게, 화려한 커피숍, 번쩍이는 유흥가 불빛은 이미 소비자본이 점령한 도심지와 전혀 다를 바 없어 보인다.

하지만 그 와중에도 부산대학교 일대의 거리는 그 맥을 이어가는 문화의 산실인데, 특히 정문 앞 거리는 역사적으로 집회나 시위 등 기존 체제에 저항하던 곳이자 독립, 대안문화의 거점으로서 부산의 대학문화를 지켜온 터줏대감 같은 장소다. 이 곳은 시민들이 삼삼오오 모여 자신들의 목소리를 내는 광장이자, 대학의 학과나 동아리들뿐만 아니라 민간단체가 주최하는 문화행사가 다양하게 진행되는 공연장이기도 하다. 특히 젊은 활동가들이 2003년부터 부산대학교 앞 문화거리 조성을 위해 결성한 〈대안문화행동 재미난복수〉는 주류, 소비지향적인 문화에 저항하며 각종 기획 공연과 거리 축제, 공공미술 프로젝트 등을 통해 부산대학교 정문 앞 거리에 새로운 가치를 부여해 왔다. 차량이 통제되고 무대가 세워지는 순간, 거리는 축제의 시간으로 접어드는 것이다.

물론 부산대학교 앞 거리문화도 점점 상업화되어가는 과정 속에서 제대로 기를 펴지 못하고 있는 것은 사실이다. 한 때 왕성했던 라이브클럽이나 서점들도 사라져가고 있는 와중에, 시계탑으로 상징되던 부산대학교의 정문에 지하주차장이 생기고, 대형 쇼핑몰이 들어서면서 대학거리로서의 힘을 잃어가고 있다. 그러나 이러한 와중에도 예술가들이 공간을 꾸리고, 금정예술공연지원센터가 만들어지고 인문학 카페나 인디뮤지션 연습실과 공연장이 생겨나면서 새로운 시기를 맞이하고 있다. 추억 서린 대학거리로의 회귀나, 혹은 복원이 아닌 새로운 창조적 활력으로 부산에 젊은 숨결을 불어넣을 대학거리가 될 움직임들이 여전히 꿈틀거리고 있다.

금정예술공연지원센터와
장전커넥션

2011년 부산의 청년문화 단체들이 함께 준비·공모해 지원받은 공공예술프로젝트 '회춘프로젝트'는 부산의 젊은 예술가들이 장르를 넘어서는 대대적인 협력을 통해 지역 문화에 신선한 활력을 불어넣으며, 청년문화에 주목하는 분위기를 만들어내었다. 이러한 분위기는 전방위적으로 확장되고 연결되는데 그 첫 번째 성과라고 할 수 있는 것은 금정구청에서 부산대학교 앞에 만든 '예술공연지원센터(GAS)'이다.

GAS에서는 다양한 프로그램과 교류행사, 공연, 강좌 등이 이루어지고 있다. 부산의 젊은 문화기획자를 육성하는 '청년문화 아카데미', 지역 밴드나 힙합 뮤지션들의 공연, 청소년 예술 프로그램 '예술가 이모삼촌 만들기'와 '청소년 기타교실', 지역 문인들의 시낭송, 시민인문학과 치유의 인문학 강좌, 부산 비엔날레의 교류프로그램, 금정산성 역사문화 축제 준비를 위한 '금정축제 아카데미', 동화작가 모임 등이 진행되었다. 이외에도 오케스트라 동아리 연습 공간, 부산대 연극 수업의 발표 장소, 포럼 등을 위한 장소로 대관하기도 한다. 또한 온천천에 만들어진 무대와 조명을 사용하는 창구 역할도 GAS가 담당하고 있고, 문화단체와 구의 커뮤니케이션을 원활하게 하는 매개 겸 완충역할도 하고 있다.

그 중에서도 가장 주목되는 것은 문화단체들 간의 교류와 협력을 위한 네트워크다. 장전동 인근 청년문화단체들의 정기적인 반상회 '장전커넥션'을 매월 개최하면서 활동 정보들을 교류하고 협력하고 있다. 그리고 문화단체들 뿐 아니라 지역의 복지현장에 있는 분들과 함께 '문화'를 통해 복지를 고민해보는 문화복지네트워크도 격월로 진행하고 있다. 이러한 협력을 통해 지역의 예술가들은 청소년들의 교육을 고민하는 이웃이 되고, 복지 기관이나 마을의 도서관들은 이 예술가들의 끼가 곧 지역의 중요한 자산임을 알아 가고 있는 중이다.

이처럼 자연스런 협력 속에서 문화단체들의 역량과 기발한 아이디어로 지역민을 위한 축제-청춘을 누가 막걸리(2012), 제로 페스티벌(2012), 사운드웨이브 페스티벌(2012)- 등을 주축이 되어 함께 만들어내고 있다.

• 부산 금정구 장전동 420-47 3층   • blog.naver.com/gasquare

창조도시 부산을 꿈꾸다

유쾌하게 지역을 D.I.Y하는 생활기획공간 통

청년 문화예술인들이 부산을 떠나는 문제가 한창 화두가 되던 2010년 9월, 장전동 지하철역 앞에는 정체를 알 수 없는 공간이 생겼다. 바로 '생활기획공간 통' 이(이하 '통') 그곳이다. 책 읽기 모임에서 만난 세 명의 운영자는 각자가 해보고 싶은 일들을 하면서 다른 사람들도 자신의 계획을 실행해볼 수 있는 공간을 만들었다. 참여하는 사람들의 관심사에 따라 이루어지는 모임이나 프로그램의 스펙트럼이 다양해서 처음 '통'을 만난 사람은 어떤 곳인지 짐작하기 힘든 곳이 바로 '통'이다.

'생활기획공간'인 이유는 문화란 거창한 것이 아니라 각자가 살아가는 삶 속에서 무언가를 만들고 시도해보는 것이라는 생각 때문이다. 그래서 약간의 유머와 반짝이는 생각들로 일상을 꾸려가도록 각자가 만들고 '기획'을 해보자는 것이다. 그래서 '통'의 의미는 누구나 자기의 생활을 재미있고 의미 있게 만들 수 있다는 점에서 '보통'에서의 통과, 아무리 좋은 아이디어들도 혼자서는 할 수 없는 경우가 많기 때문에 생각이나 행동을 함께 나누자는 의미의 '소통'에서 통을 땄다.

여기서는 청년들이 자기가 하고 싶은 일로(문화, 예술) 어떻게 경제적인 자립까지 이룰 것인가를 고민하고, 보드게임으로 청소년과 어른이 한데 어울리고, 통기타 강좌, 시 쓰기, 예술과 사회 세미나, 그림책 포럼 등 다양한 공부와 놀이가 동시에 진행된다. 통 내부에서의 기획으로 지역의 작가·이웃들을 만나 전시를 열고, 지역에서 잡지 만들기나 청소년 '성장통'(인문 캠프) 등 강좌가 이루어졌다. 또 이런 내부의 기획 경험을 확장해 지역에서 이루어진 페스티벌이나 공공예술프로젝트를 기획하고 진행하면서 지역사회와 함께 호흡하고 있다.

통은 이웃이나 청년들과 함께 하는 일상의 기획들과, 청년 예술가와 이웃주민들이 교류하는 축제 기획을 통해 짧은 시간 동안 많은 네트워크를 구축했다. 밴드, 화가, 영화감독, 잡지 편집인, 대안학교 학생과 부모, 시민단체 활동가, 어린이도서관, 지역공동체, ……. 그렇게 찾아다니고 만나고 사고를 치면서 일상을 가치 있고 풍부하게 만들어가는 '통'의 정체성이 만들어졌고 또 만들어 가고 있는 중이다..

- 부산 금정구 장전1동 222-41 1층   • cafe.daum.net/zztong   • 051.516.9994

창조도시 부산을 꿈꾸다

자연과 역사를 품은 금정산

　탁 트인 전망의 고층아파트나 빌딩은 값이 비싼데도 인기가 있는 모양이다. 게다가 수평선이 보이는 바다에 있거나 낙조를 볼 수 있는 강가에 있다면 더 그렇다. 풍수지리까지는 아니어도 좋은 풍경을 사시사철 바라볼 수 있는 호사를 누릴 수 있다면 그 만한 가치가 있겠다. 요즘 사람들은 그런 전망 좋은 장소들을 뷰포인트(view point)라고 해서 그런 곳에 집이나 사무실을 마련하고, 그렇지 못하면 가끔 전망 좋은 레스토랑에서 칼질 한 번 하는 것으로 대리충족하기도 한다.

　인위적인 건물이 아니라도 부산에는 전망 좋은 곳들이 많다. 달맞이 고개에서 내려다보는 바다, 민주공원이나 산복도로에서 보는 바다와 부두를 낀 구도심, 광안리 해수욕장에서 바라보는 광안대교와 바다, 또 금련산에서 내려 보는 광안리 일대의 야경, 이기대와 태종대에서 보는 바다, 을숙도에서 바라보는 낙동강 등등 바다와 강을 끼고 있는 부산은 곳곳에 뷰포인트가 있다. 그 중에서 금정구와 북구를 관통하는 금정산은 산, 강, 바다, 호수를 한 번에 볼 수 있는 몇 안 되는 뷰포인트이다.

　금정산은 금강공원에서 케이블카로 산을 오르는 재미를 느낄 수 있고, 금정산성 동문에서 북문으로 뻗은 능선을 따라 걷는 길은 가파른 호흡 없이 갈대며 크고 작은 바위들을 만날 수 있는 좋은 산책로이자 가벼운 등산로이다. 산세가 험하거나 깊지는 않아도 금정산이 수려한 것은 산 자체의 위용이 아니라 주변의 자연환경과 잘 어우러지기 때문이다. 서쪽으로는 화명동 일대와 김해를 한 눈에 내려다 볼 수 있을 뿐만 아니라 산과 나란히 낙동강이 흐르고 있어 늦은 오후에는 햇살을 품은 눈부신 강을 만날 수 있다. 동쪽으로는 금정구 일대와 회동수원지가 보이고 멀리는 장산너머 해운대 바다나 광안대교를 볼 수도 있다.

　이처럼 금정산은 산과 더불어 강과 바다, 호수를 한 번에 바라볼 수 있는 좋은 전망대로서 부산과 근교의 시민이 자주 찾을 만큼 정평이 난 곳이다. 그리고 금정산 위에는 국내 최장의 산성인 금정산성의 흔적이 곳곳에 남아 있고, 전쟁 시 승려들이 조직했던 승군의 본부였던 국청사가 있다. 또 산성 안에 있는 마을 금성동은 민속주 1호로 알려진 산성막걸리로 유명하다. 전통적인 방식으로 누룩을 만들어 깔끔하고 산뜻한 맛을 내 일본을 비롯하여 전국적으로 마니아들이 많다. 이처럼 역사와 자연을 품은 금정산은 2004년부터 이어져 온 금정산 생명문화축전이나, 2012년 금정산성 막걸리축제로 시작해 2013년 금정산성역사문화축제로 바뀐 축제들의 원동력이기도 하다.

• 부산 금정구 금성동

창조도시 부산을 꺼룬다

구포시장과 구포국수

부산에서 유명한 전통시장을 들라고 하면 사람들은 으레 자갈치시장, 국제시장, 부전시장 정도를 떠올리지만 이 사장들은 근대에 형성된 시장이다. 조선 중기 때 형성되어 장장 400년의 긴 역사를 자랑하는 구포 시장이 전통시장으로는 제일이라 할 수 있다. 구포는 낙동강과 김해, 양산과 맞닿은 지리적 요건으로 옛날부터 교역의 중심지 역할을 해왔다. 그만큼 많은 사람들이 모이다보니 장이 서지 않을 리가 없다. 장이 처음 열렸을 때부터 지금까지 구포시장은 우리 역사를 품어 안은 공간으로 오늘날에 이르렀다.

조선후기에 부산에서는 읍내장, 좌수영장, 부산장, 독지장, 구포장의 다섯 개 5일장이 돌아가면서 열렸는데, 이들 장 중 오늘날까지 5일장의 형태가 남아있는 유일한 장이 구포 5일장이다. 매월 3일과 8일에 열리는 구포 5일장은 아케이드 구조물과 타일 바닥으로 현대화 되어 있는 장소에서 열리지만 여전히 우리의 전통시장을 떠올리게 한다. 또 이날이 되면 인근지역인 명지의 특산물인 명지대파와 명지소금을 살 수 있다.

구포시장에는 다양한 역사유산도 남아있다. 일제강점기였던 1919년 3월 29일, 상인, 농민, 노동자 등 천이백여 명의 사람들이 모여 독립 만세를 외친 구포장터 만세운동이 있었는데, 매년 3월경 구포장터 만세운동 재현행사로 그것을 기념하고 있다. 단막극, 사물놀이 공연, 살풀이 공연 등의 행사가 진행되며, 참가자들은 독립만세 깃발과 대한민국 국기를 흔들면서 가람중학교부터 구포시장까지 걷는다. 이 만세행진을 통해 당시의 만세 운동의 그 치열했던 역사를 기리고 있다.

또 구포시장 하면 유명한 것이 구포배, 구포딸기와 더불어 바로 구포국수이다. 삶으면 면에서 짠 맛이 나 다른 국수보다 맛있게 느껴지는 구포국수는 부산의 대표적인 피난음식 중의 하나였다. 한국전쟁 당시 부산으로 내려온 피난민들은 가진 것도 먹을 것도 없었기 때문에 부산에서는 이들의 주린 배를 채워주는 피난 음식들이 생겨났는데, 돼지국밥, 밀면과 함께 구포국수가 바로 그것이다. 당시 구포시장 주변에는 국수공장이 많았는데 지금은 구포시장 내에서도 구포국수를 먹을 수 있는 곳이 몇 군데 밖에 없다. 그래서 현재 구포국수영농협동조합에서 구포국수를 단체표장으로 등록해 부산의 명물 구포국수의 명성을 되살리려고 애쓰고 있다.

- 부산 북구 구포1동 599   • gupomarket.co.kr

낙동강에서 불어오는 문화 바람

해양이 강조되어 잘 인식되지 않고 있지만 강 또한 부산의 중요한 터전 중의 하나이다. 부산 사상구에서 사하구까지 세로로 관통하며 부산의 서쪽 경계의 역할을 하는 낙동강이 바로 그것이다. 낙동강은 그 발원지가 강원도 태백에 있는 만큼 큰 강이며, 많은 지역에 걸쳐 분포된 만큼 다양한 문화의 산지이자 예술적 영감의 원천이 되어주었다. 그런 낙동강의 하구, 곧 그 폭과 규모가 가장 넓은 지대를 부산과 김해가 나란히 끼고 있다.

지금까지는 부산에서 해운대구를 중심으로 둔 동부권이 상대적으로 많이 주목받고 개발되었기 때문에 서부권역에서는 문화 인프라가 다소 빈약했던 것이 사실이다. 하지만 계속되는 관심과 노력 끝에 부산의 서부, 낙동강 인근 지역이 점점 변화되고 있다. 다대포 해수욕장, 을숙도, 삼락생태공원, 낙동강변도로 등 낙동강이 제공하는 생태자원을 적극 활용하려는 분위기가 이어지고 있다.

매년 8월 경 이루어지던 부산국제록페스티벌이 내년이면 14회차를 맞는다. 세계 각국의 록 뮤지션들이 모여 마니아들과 함께 사흘 동안 음악으로 교류하는 이 행사는 종전에 다대포에서 진행하다가 지금은 삼락강변공원으로 무대를 옮겼다. 부산에서 백사장이 가장 넓고 낙조가 매우 아름다워 매년 12월 31일에 해넘이 축제가 있는 다대포는 몇 년에 걸친 공사 끝에 분수대가 설치되었고, 넓은 백사장을 공원화하고 있다. 낙동강 하구언의 삼각지인 을숙도에는 문화센터가 들어서 인문학 교양 강좌 등이 진행된 이후로 더욱 많은 사람들이 이곳으로 걸음을 옮기고 있다. 낙동강을 넘어 강서구 맥도생태공원에서는 강서낙동강 갈대축제가 열리고 있다. 그리고 화명생태공원에서는 지난 해 제2회 낙동강 1300리 구포나루 대축제가 이루어졌다. 이러한 축제들은 시민들에게 휴식의 공간을 제공하면서 낙동강의 과거와 현재가 문화를 축으로 만나는 현장으로서의 역할도 맡고 있다.

겨울철이면 을숙도를 찾아오는 철새들의 날갯짓에 일어나는 바람, 오월이면 을숙도에 무더기진 유채꽃들을 흔들어주는 봄바람, 한해를 보내며 저물어가는 태양이 아쉬워 바다에서 육지로 불어 닥치는 바람들이 지금까지 낙동강에 부는 바람이었다. 거기에 다양한 문화축제로 일어나는 바람이 더해지고 있다. 이 바람이 부산의 서쪽 외곽이었던 낙동강 지역에 새로운 문화를 일으키는 바람이면서, 또 생태의 소중함을 잘 이어가는 바람이어야 오래 지속될 수 있을 것이다.

• 부산 북구, 사상구, 사하구, 강서구 사이를 흐르는 강

Play

창조도시 부산을 깨우다
: 99가지로 만나는 부산의 재미

창조도시 부산을 깨우다

대천천의 풀뿌리 네트워크들

부산의 다양한 풀뿌리 단체나 마을공동체 중에서도 북구의 화명동 일대에는 대천천네트워크, 맨발동무도서관, 대천마을학교, 어린이책시민연대, 북구 공동육아협동조합, 아이쿱 푸른바다생협 등 다양하고 촘촘한 주민조직과 활동이 그 어느 곳보다도 풍부하다. 활동과 주체가 풍부하다는 것은 마을의 다양한 문제들에 대한 고민의 깊이와 자생의 힘이 그 만큼 크다는 것을 의미한다.

화명동에서 형성된 마을공동체의 흐름은 크게 '자치'와 '육아·교육'의 두 고민이 어우러진 결과다. 대천천네트워크는 2000년대 초반 이미 많이 들어선 아파트 단지 위에 새로운 아파트 단지가 건립되는 것을 반대하는 과정에서 중요한 자치공동체로 성장했다. 아파트단지에 비해 교육문화 인프라가 부족하다는 판단에 주민들이 힘을 모아 아파트가 아니라 교육시설 등을 건립할 것을 주장해 금명여고가 들어서게 되었다. 이어 KTX 금정산 장내터널공사에 대한 반대운동을 통해 덤프트럭의 운행을 줄이고, 주민들에 대한 피해보상차원에서 대천천환경문화센터를 얻어내었다. 이처럼 주거 환경 등에 대한 이슈에 대해 주민자치조직이 공동의 대응을 하는 과정에서 2004년 대천천네트워크가 결성되었다.

1999년부터 북구공동육아협동조합에서부터 이어져 오던 육아와 교육에 대한 고민이 화명동 일대 공동체의 또 하나의 중요한 축이다. 이러한 고민이 확장되어서 2005년 아이들이 편하게 책을 읽을 수 있는 맨발동무도서관과, 2008년 마을의 이웃들이 지닌 재능으로 서로 배움을 얻는 대천마을학교가 열리게 된다. 맨발동무도서관은 장서를 2만 권 이상 확보했을 뿐 아니라 낭독회, 라면극장 등 어린이와 가족들이 함께할 수 있는 프로그램을 운영하여 마을의 사랑방역할을 하고 있다. 또 북구공동육아협동조합도 2004년 화명동으로 이사를 와서 현재 '쿵쿵어린이집'과 '징검다리놓는아이들 방과후학교'를 운영하여 아이들이 마을 속에서 교감하며 성장할 수 있는 장을 마련하고 있다.

부산에 여러 마을공동체나 풀뿌리단체들이 있지만 대천천 인근의 풀뿌리 단체들은 다양하면서도 서로 연결되어 있다는 점에서 주목할 만하다. 그 풀뿌리단체들이 함께 머리를 맞대고 살기 좋은 마을에 대해 고민하는 모습을 떠올리는 것만으로도 즐겁다. 금정산과 깨끗한 냇물이 흐르는 마을에 풍부한 풀뿌리단체들까지 있어 그곳에서 자라는 아이들은 자연과 마을의 보살핌으로 건강한 공동체의 일원이 될 수 있을 것이다.

- **대천천네트워크.** 부산 북구 화명2동 318 3층   cafe.daum.net/dccnetwork
- **대천마을학교.** 부산 북구 화명2동 318 2층   cafe.daum.net/daechenma
- **맨발동무도서관.** 부산 북구 화명2동 318 2층   www.maenbal.org

반송을 사랑하는 사람들의 반송희망세상

　반송의 희망세상은 1998년에 창립된 '반송을 사랑하는 사람들' 에서 시작된 마을공동체이다. 희망세상은 여러 신문이나 잡지 매체에서 소개되었을 뿐 아니라 2012년 12월 MBC의 〈다큐 3일〉에서도 다룰 만큼 전국적인 주목을 받고 있는 부산의 자랑할 만한 마을공동체다.
　한 사회복지사가 자발적으로 만들기 시작한 소식지를 발전시키는 과정에서 희망세상의 중심축인 고창권 전 희망세상대표와 김혜정 현 희망세상대표가 결합했다. '반송사람들' 이라는 마을신문을 통해 지역의 다양한 소식들을 담아내면서 마을사람들과 교류하고 접촉할 수 있는 계기가 되었다. 그런 접촉 속에서 주부들을 중심으로 육아나 교육에 대해 고민하는 모임이 만들어졌고, 점차 확대 되어 '좋은 아버지 되기 모임' 등 살기 좋은 마을을 만들기 위한 다양한 주민조직이나 강좌 등의 프로그램이 만들어졌다. 현재는 700명이 넘는 후원회원을 둔 튼튼한 마을공동체로 자리를 잡았다. 희망세상의 시작점이자 자랑거리인 마을신문이 15년째 발행되고 있는데 공동체의 저력과 내실을 짐작해 볼 수 있다.
　1999년부터 매년 5월 5일 열린 어린이날 축제는 지역의 다양한 단체들이 참여하는 희망세상과 반송의 자랑거리가 되었다. 인근 지역에서도 보러올 정도로 큰 규모가 되었는데 지역의 공동체가 만들어온 어린이날 축제지만 역사도 길고 내용이 풍성해서인지 1만 명 정도가 찾는 명물이 되었다. 또 2007년에 만들어진 느티나무도서관도 지역민이 애착을 가지고 있는 공동체의 상징이다. 이는 예쁘게 만들어진 건물에서 어린이들이 자유분방하게 책을 읽거나 쉴 수 있어서만이 아니라 이웃들이 힘을 모아 만들었기 때문이다. 아이들의 용돈이나 할머니의 쌈짓돈을 포함해 이웃들이 '벽돌 한 장 기금' 을 보태어 만들었기에 더 큰 애착을 가지고 있다.
　다양한 주민조직과 프로그램으로 다져진 '희망세상' 은 그 동안의 노하우를 살려 더 많은 이웃들과 만나고, 공동체 내 여성들의 사회진출 등의 가치를 실현하기 위해 2011년 마을기업을 시작하게 되었다. 카페 '나무' 는 차를 마시는 곳을 넘어 문화를 교류하는 공간으로, '날마다 소풍' 은 어머니들이 정성스레 도시락을 만들어 배달하는 도시락사업으로 반송 지역과 마을공동체의 중요한 동력이 되고 있다.

● 부산 해운대구 반송2동 216-290번지 느티나무도서관　　● www.sesang.or.kr

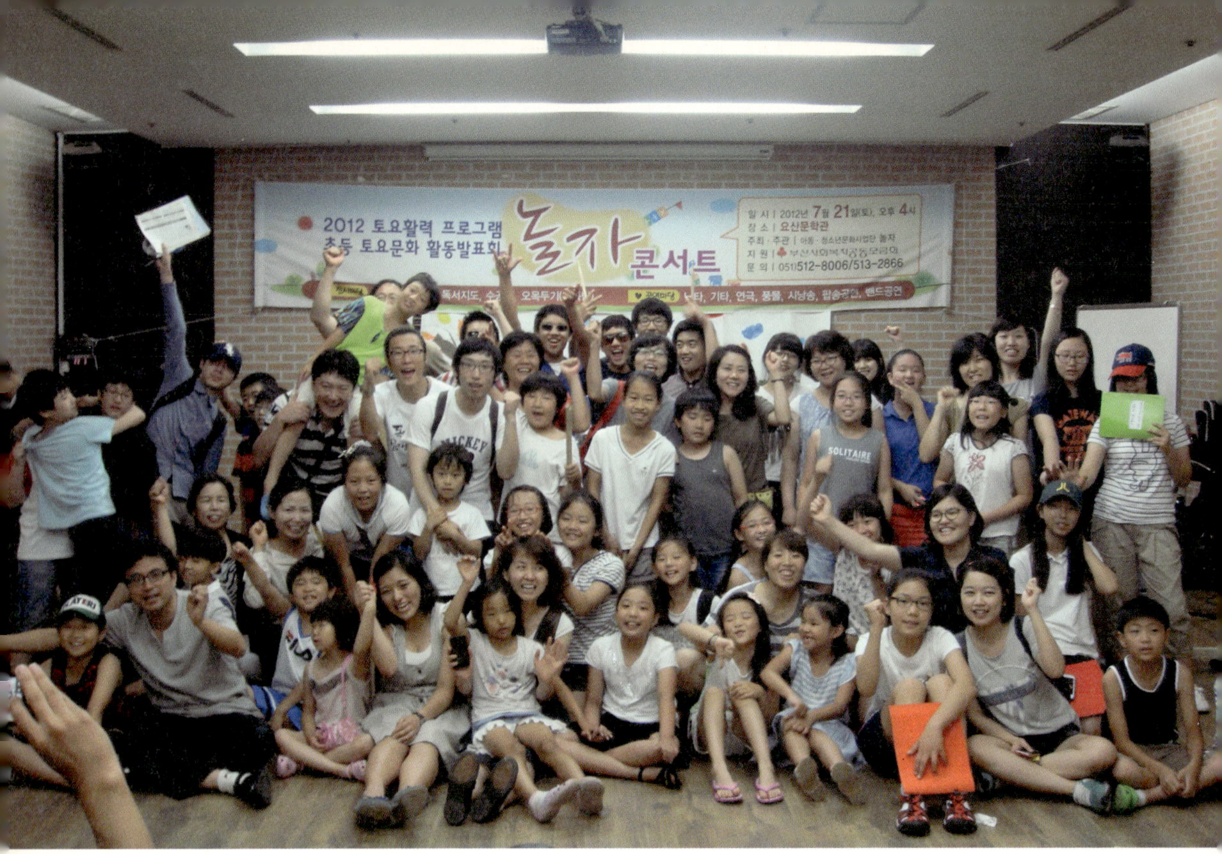
2012 토요활력 프로그램
초등 토요문화 활동발표회
놀자 콘서트
일 시 | 2012년 7월 21일(토), 오후 4시
장 소 | 요산문학관
문 의 | 051)512-8006/513-2866

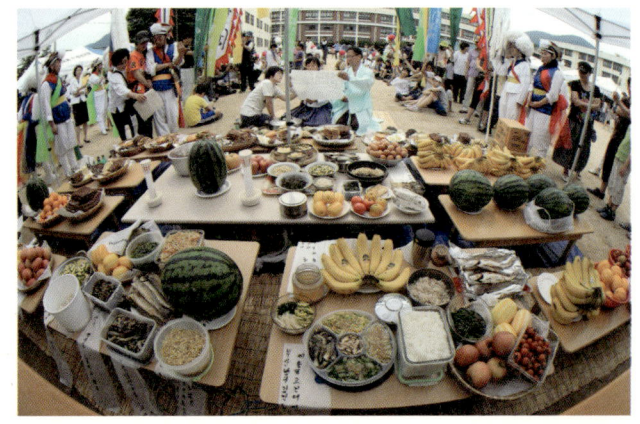

아이들에게도 어른들에게도 좋은, 금샘마을공동체

금샘마을공동체는 2006년 20여 가정이 모여 마을도서관을 만들고자 남산동 마을도서관 건립 추진위를 발족하면서 태동했다. 이후 1년 동안 주민들이 직접 후원하고 공사에 참여하여 2008년에 금샘마을도서관을 개관했고, 2011년 현재의 도서관 터로 이사를 했다. 도서관으로 시작해서 '금샘마을공동체'라는 사단법인을 설립하였으며, 이어서 금샘마을지역아동센터를 개소하고 북카페 놀이터, 청소년공간 '모두모여'까지 문을 열었다.

금샘마을공동체의 전신이라 할 수 있는 마을도서관 건립위원회 결성 이래 남산동에는 꾸준히 즐길 거리, 나눌 거리가 생겨났다. 이제는 마을행사로 자리 잡은 〈영화가 있는 마을놀이터〉, 놀이와 학습이 합쳐진 〈놀자 토요프로그램〉, 놀이터에서 열리는 〈가족벼룩시장〉 등 다양한 행사와 프로그램이 있다. 특히 단오제는 인근의 남산놀이마당, 소릿결, 중등대안학교 우다다학교 등 여러 단체와 연대하여 준비하는 연례행사로 주민들에게 좋은 호응을 얻고 있다.

마을에 대한 고민이 확장되면서 공동체의 역할도 커지고 있다. 방과후 돌봄과 나눔이 필요한 아이들을 위한 '금샘마을지역아동센터'와 PC방과 노래방 말고는 중학생들이 마땅히 놀 데가 없다는 고민에서 학부모들이 십시일반 힘을 모아 만든 '청소년공간-모두모여'는 교육공동체로서의 진지한 고민과 의지를 보여준다.

금샘마을공동체의 주요활동인원은 50여명으로 초창기에 비해 활동 인원과 후원자가 크게 늘었다. 공공의 큰 지원 없이도 도서관에서, 지역아동센터, 청소년공간까지 확장할 수 있었던 것도 스스로 사업에 필요한 비용을 마련하고 아이디어를 냈던 공동체 구성원들의 힘으로 가능했다. 물론 운영하는 공간이 늘어날수록 비용문제를 고민하지 않을 수 없다. 그래서 금샘마을공동체는 도서관을 주축으로 후원자를 더 늘리고, 북카페를 활성화해서 사회적기업으로 운영하는 방안을 검토하는 등 공동체에 필요한 사업을 지속하기 위한 다양한 고민을 하고 있다.

아버지들이 만든 아빠밴드와 청소년들로 이루어진 얼렁뚱땅밴드는 금샘마을 공동체의 고민이 잘 드러난다. 아이들만 살기 좋은 마을이 있겠는가. 아이들만 꿈을 꾸고 즐길 수 있는 세상이 있을 수 있을까. 살기 좋은 마을은 아이들뿐 아니라 어른들에게 살기 좋고 즐거운 마을이지 않을까. 언젠가 아빠밴드와 얼렁뚱땅밴드가 함께 무대에 서는 모습을 상상하면서 이런 생각을 해본다.

- 금샘마을도서관. 부산 금정구 남산동 335-23 2층 cafe.daum.net/libro
- 금샘마을지역아동센터. cafe.daum.net/k-sam

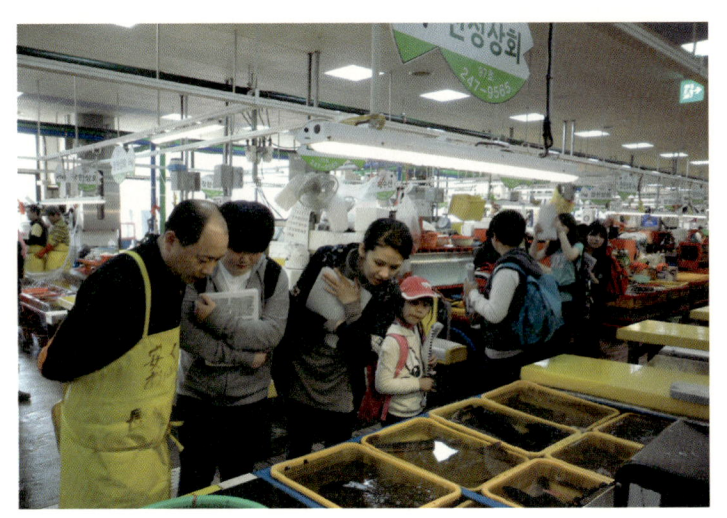

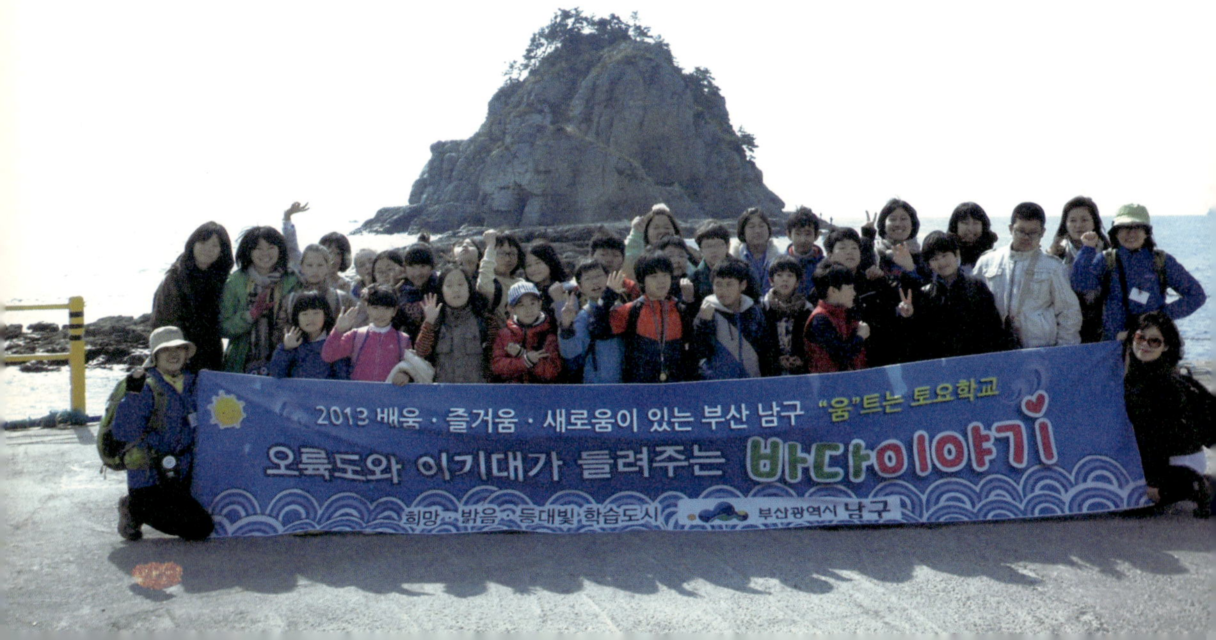
2013 배움 · 즐거움 · 새로움이 있는 부산 남구 "움"트는 토요학교
오륙도와 이기대가 들려주는 바다이야기
희망 · 밝음 · 등대빛 학습도시
부산광역시 남구

민족을 넘어 평화를, 아시아공동체 학교

"손에 손 잡고, 벽을 넘어서 우리 사는 세상 더욱 살기 좋도록"

인류애와 화합을 강조하던 88년 서울올림픽 주제가가 나온 지도 20년이 넘었다. 최근 들어 다문화가정이 급속도로 늘고 있는 추세지만, 사회적 편견이라는 벽은 여전히 단단하고 높다.

2006년 9월에 개교한 아시아공동체 학교는 한국인과 외국인 사이에서 태어난 자녀와 외국인 노동자 자녀가 있는 다문화 가정을 위한 대안학교이다. 개교 당시 10명의 학생과 11명의 선생님으로 시작하여 2009년 47명으로 3년 만에 학생수가 4배 이상 늘고 당시 사용하던 건물이 낡아 재건축에 들어가게 되면서 현재의 보금자리(구 배정초등학교)로 옮겨오게 되었다. 2013년 현재 70명이 넘는 학생이 아시아공동체학교에 다니고 있고 초등과정부터 중등과 고등과정까지 다 마련되어 있다. 학생의 구성도 새터민을 포함한 아시아 국가들 뿐 아니라 러시아, 미국, 페루 등 14개국 이다.

아시아공동체학교의 교과는 초·중·고등 과정에 따라 소폭의 차이는 있지만 국어·사회·수학 등의 공통교과과정과 외국어·컴퓨터·예체능 등의 특성화교과가 있고 진로·봉사·동아리 등의 창의적 체험활동이 마련되어 있다. 이런 교육과정을 통해 한국 학생들을 비롯 다문화 가정의 자녀들, 이주아동·청소년, 외국에서 성장하다 중도입국하게 된 아동·청소년들이 어우러져 인종이나 민족에 대한 편견 없이 상생하는 법을 익히게 된다. 따라서 학교는 다문화, 평화, 인권, 생태 교육이념을 바탕으로 스스로 지닌 문화에 대한 자존감을 키우면서 다른 사람들의 개성과 가치를 존중해주는 인간으로 자랄 수 있도록 교육환경을 제공한다.

일반학교에서 다문화자녀에 대한 교육은 한글교실이나 문화체험 등 아직 국내 생활 적응이라는 기본적인 역할 수준에 머물러 있다. 게다가 각 학생이 처한 국적, 입국 경위나 시기 등 환경이나 상황을 반영하지 못하는 경우도 많다. 중도에 입국한 자녀들의 경우 적응을 위한 예비학교 같은 것이 필요한데 부산 같은 대도시에서도 아시아공동체학교를 포함 단 두 곳밖에 운영하지 않는다고 한다. 이와 같은 척박한 환경에서도 아시아공동체학교는 피부색과 민족을 넘어 편견과 차별이 없는 한 사회의 구성원이자 세계를 누빌 인재를 길러내는 교육의 길을 묵묵히 가고 있다.

- 부산 남구 문현동 246-5
- saebueck.dothome.co.kr/asiacommunity

동행의 교육터 온새미 학교

사회의 다양한 위협으로부터 아동이나 청소년을 보호하고 살아가는데 필요한 양식들을 가르쳐야 될 학교의 담이 입시와 경쟁의 논리로 인해 오히려 아이들이 미래와 주위를 돌아보는 눈을 가리는 역할을 하고 있다. 이를 위해 일선의 선생님들은 먼저 자신의 눈을 가릴 수밖에 없고 선생조차 눈 감은 담 안의 학교는 눈 먼 자들의 섬이 되고 있다.

자주 들려오는 청소년의 자살 소식과 폭력 문제를 통해 잘 못 쳐진 담이 더 위험할 수 있음을 확인할 수 있다. 온새미학교는 대안학교를 준비하고 있던 여러 사람이 힘을 합쳐 다문화 가정 자녀, 경증 장애인 등의 사회적소수자에게 배움의 기회를 제공하고자하는 취지로 2009년8월 사)부산교육연구소 부설로 설립되었다. 그래서 소수자들을 배제하는 것이 아니라 함께 배려하고 돌보면서 지역사회와 공동체의 일원을 길러내는 것이 학교의 중요한 교육방향이다. 장애 청소년, 다문화 가정의 청소년, 예술에 재능이 있는 청소년들을 비슷한 비중으로 신입생을 구성하는 것에서도 소수자에 대한 배려나 어울림의 교육에 대한 철학이 잘 드러난다.

이 학교에 다니는 학생들은 공교육 안에서는 행복하지 않거나 입시의 잣대에서는 문제거리로 인식되기 쉬운 예민한 청소년들이다. 이런 청소년들이 모여 뭐가 되겠나 싶은 사람들이 있겠지만 그것은 오산이다. 담을 쌓은 학교에서 가르치지 못하는 많은 것들 중에서 '배려'를, 또 배려를 위한 '신뢰'를, 신뢰로 나가기 위한 '기다림'을 익히도록 학부모와 선생님들이 똘똘 뭉치기 때문이다.

온새미 아이들은 학교에서 대형마트의 원스톱 쇼핑처럼 교육을 받지 않는다. 농사 수업은 땅이 있는 곳으로, 문화예술 수업은 선생님이 있는 곳으로 학교 밖으로 찾아다니기도 한다. 밥도 함께 먹고, 설거지도 직접 하면서 친구들과 어울리고 밥을 남기지 않는 습관을 자연스레 기르면서 함께 성장한다. 도보여행을 포함한 다양한 여행은 온새미학교의 자랑거리이다. 여행을 좋아하는 사람들이 캠핑이다 유럽 배낭여행이다 해서 여행에 대한 무용담을 늘어놓곤 하는데 온새미학교의 도보여행은 텐트도 없이 비박을 하며 생존을 위한 최소한의 자원만을 사용하며 여행을 한다. 온새미학교에서의 여행은 어울림과 배려, 스스로의 한계를 뛰어넘어 자신감을 얻게 되는 중요한 교육과정이다. 여행을 통해 얻은 자신감은 부산에서 서울까지 7박 8일의 무전여행으로, 다시 공연을 통해 유럽공연무전여행을 하는 것으로 점차 확장되고 있다. 교쌤(교장선생님)을 비롯한 온새미의 선생님들은 이처럼 아이들이 한계를 피하지 않고 함께 하나 둘 체험하고 이겨낼 수 있도록 필요하다면 기꺼이 함께 학교의 담을 넘어 간다.

● 부산 동래구 명륜동 680-3   ● cafe.daum.net/edu-town

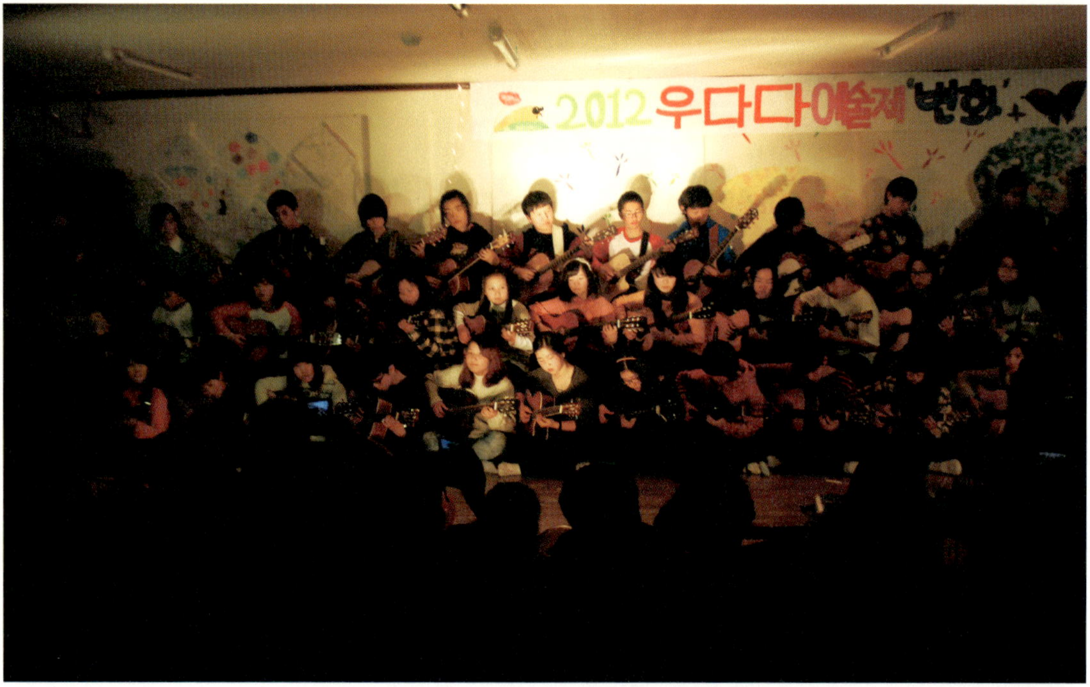
2012 우다다예술제 '변화'

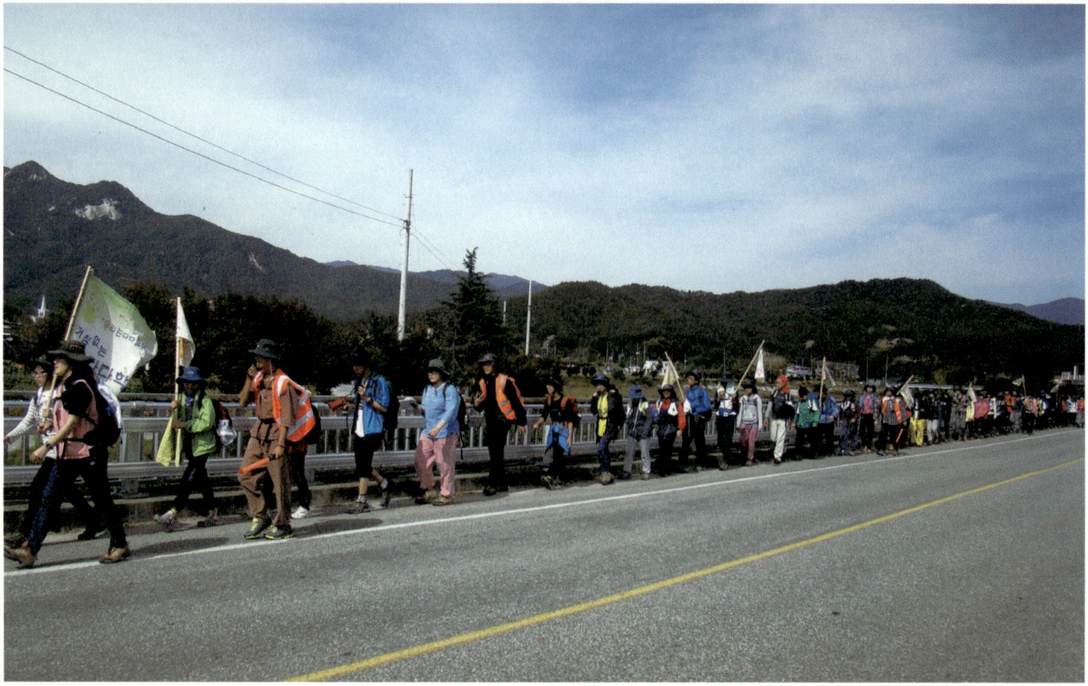

거침없는 우다다학교

'우다다' 라는 말을 처음 들으면 머릿속으로 떠오르는 이미지는 아마도 한 무리의 아이들이 발을 세차게 구르고 뛰어다니며 노는 모습일 것이다. 그 이미지만으로도 좋은데 '우다다' 학교의 이 '우다다'는 '우리는 다 다르다' 라는 뜻이라고 한다. 2001년 처음 시작한 우다다학교는 농촌지역에 주로 위치한 다른 대안학교와는 달리, 학교에서 하지 못하는 대안교육을 도시 속에서 도시의 자원을 활용해 교육하자는 취지로 생긴 도시 속 작은 학교이자 중등 대안학교이다.

우다다학교의 수업은 정규교과와 프로젝트교과로 나누어진다. 정규교과로는 국어, 역사, 영어, 수학, 과학, 사회 등 일반 학교에서도 볼 수 있는 지식형 수업과 자신의 선택으로 이루어지는 미술, 체육, 음악 활동들이 있다. 이때 선택형 수업들은 상세하고 다양해서 미술 분야만 해도 그림 그리기, 닥종이인형 만들기, 종이접기, 도예, 포크아트, 천연염색 등의 수업이 모두 별도로 마련되어 있다. 그렇기 때문에 이들 수업은 소수로 진행이 되며, 학생들은 자신의 관심사에 맞추어 수업을 들으면서 스스로의 능력과 진로를 보다 적극적으로 고민할 수 있다. 또 프로젝트교과로 농촌봉사활동, 자원봉사활동, 학생들 스스로가 수업을 기획하고 진행하는 보따리수업, 도보여행 프로젝트, 인턴쉽 프로젝트 등이 있다. 이러한 프로젝트 교과를 통해서 학생들은 교사와 깊이 있게 대화를 나누고 문제를 해결하는 과정에서 스스로의 능력을 발견하고 자신을 이해하고 탐색하게 된다.

우다다학교의 학생들은 나이에 따라 학년이 결정되지 않는다. 스스로가 배움의 과정에서 자신의 관심사에 따라 교육을 받으며, 그 수준에 의해 학년이 결정된다. 중등과정이 3년, 고등과정이 2년으로 잡혀 있지만 실제로는 이에 구애받지 않는다. 중등과정을 1년만 듣더라도 충분한 역량이 발휘되면 바로 고등과정으로 진행할 수도 있고, 본인과 학부모의 의견을 수렴하여 고등과정을 1년 더 연장할 수도 있다.

처음 '사랑의 도시락 보내기 운동'으로 시작됐는데 굶주리는 아이들의 허기를 채워주고 나니 공부를 시켜달라는 요구가 들려 왔다고 한다. 사무실 한쪽에 공간을 만들어 시작한 학교는, 학생이 한 명밖에 없는 순간에도 꿋꿋이 버티면서 오늘에 이르렀다. 정규학교의 대안이 아니라, 삶의 대안을 가르치는 학교로서의 대안학교를 지향한다는 김복남 교장선생님의 말을 통해 우다다 학교의 지향을 읽어볼 수 있다.

- 부산 금정구 청룡동 299   • www.udada.or.kr

창조도시 부산을 꺼꾸바

젊은 예술로 도시를 채워라, 2011 부산회춘프로젝트

2011년 여름, 부산에서는 재기 넘치는 새로운 실험이 하나 시작되었다. '청년문화 생태계 구축을 통한 문화활성화 사업 – 부산 회춘프로젝트(이하 회춘프로젝트)'가 바로 그것이다. 이 프로젝트는 대안문화행동 재미난 복수를 중심으로 부산의 청년문화 단체들과 예술인들이 합심하고 연대하여, 젊은 예술이 공감되는 도시로 부산을 만들어가기 위한 시도였다. 2011년 7월 15일 부산대학교 앞 온천천에서 프로젝트를 알리는 제1회 〈온천천 문화살롱〉을 시작으로 10월 21일 〈네트워크 페스티발〉로 마무리 되기까지 약 3개월간 〈비가오나 눈이오나 100일 릴레이 거리공연〉, 〈공연배달〉, 〈네트워크 워크숍〉, 〈스트리트 아트〉 등 다양한 형태의 청년문화 행사로 시민들과 청년들이 열정을 나누었다.

단기 프로젝트로 마무리 된 회춘프로젝트가 여전히 부산 문화현장에서 상기되는 이유는 부산 문화에 젊은 생기를 불어 넣으며 청년문화의 상상력과 가능성을 보여주었기 때문이다. 회춘프로젝트는 비주류 아티스트들이 지역에서 활동할 수 있는 환경을 어떻게 보완할 것이며, 그들의 활동이 지역사회와 적극적으로 결합하기 위한 장치를 어떻게 만들어 나갈 수 있을 것인가에 대한 고민에서 시작되었다. 따라서 거대한 이벤트보다는, 젊은 기운들을 촉발시켜낼 수 있는 계기가 될 수 있도록 실험성과 네트워크를 중심에 두고 진행되었다. 그 결과 뒤이어 소개할 2012 청년문화수도 프로젝트를 비롯하여 장전커넥션, 금정예술공연지원센터 등이 만들어지는데 마중물과 같은 역할을 했다.

이 프로젝트는 2011 부산문화재단의 지역문화예술기획지원사업으로 선정되어 1억 8천만 원이 지원된 프로그램이다. 그동안 청년문화에 대한 공적지원이 거의 없었고 상대적으로 어린 나이로 경험이 부족하지 않겠느냐는 우려의 목소리도 제기되었다. 그러나 총 14개 프로젝트, 외부행사 100일간 연속 진행, 949명의 아티스트가 참여한 이 프로젝트는 같은 해 전국의 지역문화예술기획지원사업 중 평가 1위를 기록하며 청년들의 가능성을 보여주었다. 총감독 류성효는 "대부분의 비주류 문화 아티스트들은 원해서 스스로 시작했기 때문에 결과에 따른 원망도 스스로에게 돌려야 하는 상황이지만, 우리는 함께 살아가는 그 젊음의 에너지를 방치할 수 없다"고 말했다. 그 처음 취지대로 회춘프로젝트는 부산의 젊은 예술가들이 서로의 존재와 활동을 알게 된 사교의 장이기도 했고, 다양한 실험을 통해 부산의 젊은 예술을 수면위로 끌어 올리면서 가능성을 확인하는 축제이기도 했다.

• www.indiespark.org

창조도시 부산을 깨우다

여기가 중심이다,
2012 부산청년문화수도 프로젝트

    2012 부산청년문화수도 프로젝트는 공연예술과 시각예술을 포함한 다양한 장르에 걸쳐 청년문화의 새로운 상상력을 선보이고, 장르와 지역을 넘나드는 폭넓은 문화적 교류와 소통을 통해 청년문화의 새로운 중심지로서 부산의 비전을 제시하고자 기획된 프로젝트다. 이 프로젝트는 지역문화지 안녕광안리를 비롯하여 대안문화행동 재미난복수(독립문화공간 아지트), 사회적기업 부산노리단, 생활기획공간 통 등 부산지역의 주요 청년문화예술단체들이 국내외 다양한 문화단체들과 폭넓은 교류와 협력을 통해 실행하였다.

    이 프로젝트는 앞서 소개한 '부산회춘프로젝트'에 이어 2012년 부산문화재단 지역문화예술기획지원사업으로 선정되어 진행된 프로그램으로, 지역사회의 창조적인 청년문화에 대한 관심을 이어갔다. 세부적으로는 여름 해변에서 거침없는 청년문화의 상상력을 보여주고 소통과 교류를 중심에 둔 '광안리사운드웨이브페스티벌', 대형 그래피티로 도심 속 공공미술의 새로운 인상을 남긴 '거리예술-그래피티부산', 부산 문화예술의 미래를 이끌어갈 문화기획/매개인력 양성 프로그램 '청년문화아카데미'로 진행되었다.

    광안리 바다에서 진행되었던 DJ, 인디밴드 등으로 구성된 실험적 페스티발과 대형 그래피티는 도시에 상상을 불어 넣는 좋은 시도였다. 지역 내 청년 문화인력이 부족하고 대학이나 관이 문화인력을 육성하지 못하는 상황에서 마련된 청년문화아카데미에는 50여 명의 수강 인원이 몰렸고 기존 문화 현장에 있는 선배와 새로운 청년들이 연결되는 좋은 장이 되었다.

    부산은 역사적으로 근대화의 관문이자, 새로운 문물이 빠르게 수용되고 혼종 되었던 독특한 도시였다. 현재와 같은 수도권 집중현상이 극심해지기 이전인 70, 80년대까지만 해도 부산이 새로운 문화 트렌드의 전파, 발원지였고 특히 대중문화, 청년문화의 견인차와 같은 역할을 수행했다. 1980년대 실험적인 청년비엔날레가 자생적으로 태동하여 오늘날 부산 비엔날레의 전신을 형성한 것이나 1990년대 국내 인디음악과 비보이 문화의 주요한 흐름이 부산에서 활발하게 생성되었던 것도 결코 우연이 아니다. 부산청년문화수도 프로젝트는 이러한 부산문화의 청년성을 기반으로 다양한 청년문화의 실험과 상상력이 모이고 자유롭게 교류하는 청년문화의 중심지로서 부산문화의 미래를 목표로 하였다.

    부산회춘프로젝트, 청년문화수도 프로젝트로 이어진 청년문화의 힘이 앞으로 뻗어나갈 미래가 기대된다.

창조도시 부산을 깨우다

젊은 아이디어로 부산을, 청년프론티어

BDI 청년프론티어 '청프', 이름에서부터 벌써 청년들의 활력과 통통 튀는 아이디어가 느껴진다. 이 프로그램은 부산발전연구원의 주관 하에 대학생들이 부산 발전을 위한 정책 아이디어를 제안하는 참여형 청년정책워크샵이다. 일반적인 공모전이나 정책워크샵과 달리 BDI 청년프론티어의 참가자들은 4개월의 활동기간 동안 전문가들과 함께 부산에 대해 공부를 하고 자신들의 정책아이디어를 발전시켜 나간다.

2009년 '부산의 미래를 그리다'(1기)와 '산복도로 탐사대'(2기)로 시작한 BDI 청년프론티어는 2013년 2월 '부산의 미래를 밝혀라'를 주제로 8기의 활동을 마무리 지었다. 대학생들이기에 가능한 신선하고 재미있는 아이디어가 눈에 띈다. 다문화가정에 가족사진과 웨딩사진을 촬영해주는 '레인보우 프로젝트(7기 크리에이티브 셰어팀)'는 다문화가정이 특별한 이벤트나 추억이 부족하다는 공감에서 출발한 제안이다. 사하구 다문화가족지원센터와 부산웨딩연합의 도움을 받아 일곱 가족이 드레스와 턱시도를 입고 가족사진과 웨딩사진을 찍었고, 사진첩과 액자에 멋진 추억을 담아갔다. 프로젝트를 기획한 대학생 팀과 멋진 추억을 사진에 담아간 다문화가정 모두의 얼굴에 미소가 번졌을 것이다.

BDI 청년프론티어를 통해 부산발전연구원은 대학생들의 참신한 아이디어를 얻고, 부산지역의 대학생들은 이 프로그램을 통해 도시 발전에 관한 지식과 활동 역량을 키울 수 있는 계기가 된다. BDI 청년프론티어가 앞으로도 지속적으로 청년들을 창조도시 부산의 브레인으로 키워내는 인큐베이터가 되길 바란다.

• bdi.re.kr

부산과 후쿠오카, 왔다갔다페스티발

2011년부터 부산과 후쿠오카 예술가들이 두 도시를 왕래하며 창작공간, 대안공간을 탐방하고 토론하는 교류행사가 열리고 있다. 한 해는 후쿠오카를 한 해는 부산을 방문하면서 "WATAGATA FESTIVAL"이 매년 개최되고 있다.

왔다갔다페스티발은 부산과 후쿠오카를 거점으로 활동하는 예술가들이 중심이 되어 진행되고 있는 민간 차원의 국제 예술교류 행사이다. 부산과 후쿠오카가 한국과 일본을 대표한다고 볼 수는 없지만 두 도시의 예술가들이 지속적으로 교류하면서 서로의 역사나 문화를 이해하는 단초가 될 수 있을 것이다. 단순한 일회적 교류로는 양 지역을 제대로 이해하기 어렵고 그 지역에 살고 있는 사람들이 왔다갔다 해야 서로를 이해할 수 있다는 생각으로 두 지역 예술가들과 시민들이 힘을 모았다. 예술을 바탕으로 관계를 형성하고, 서로 협력하자는 취지로 시작되어 두 지역의 문화예술 현장들을 방문하고 있다. 부산과 후쿠오카 모두 각 국에서 문화의 중앙집중에 의한 소외라는 공통의 고민을 가지고 있는데, 이에 대한 활로를 국내를 넘어 도시 대 도시, 로컬 대 로컬의 교류로 뚫어보자는 공감대도 중요한 동기로 작용했고 볼 수 있다.

후쿠오카에서 2011년 제1회 행사가 개최되었고, 2013년 제3회째를 맞이하여 부산에서 개최되었다. 후쿠오카를 배경으로 활동하는 예술문화기획자들이 한국에 방문하여 원도심 창작공간 또따또가, 독립문화공간 아지트 등을 방문하며 행사가 이루어졌다. 일본의 기타큐슈, 오이타현, 나가사키현 등 각 지역의 대안공간들, NPO법인, 갤러리, 스튜디오 등에서 활동하는 예술가와 기획자들과 부산의 다양한 문화예술인, 단체 운영자들이 그야말로 양국을 왔다~ 갔다~ 하면서 만들어낼 문화적 연대와 즐거움들이 기대된다.

재미난 복수를 꿈꾸는
독립문화공간 야지트

　　2003년 결성된 대안문화행동 '재미난 복수'가 만든 독립문화공간 아지트는 외부 문화단체 및 아티스트를 지원하고, 서로 교류할 수 있는 다원문화매개공간이다. 운영단체인 재미난 복수의 경우 비영리 문화운동 단체로서 인권, 반전, 환경, 빈곤, 여성, 장애인 문제 등에 대한 사회적 발언에 연대해왔다. 덕분에 여러 예술·문화·사회 단체들과 맺었던 네트워크가 쌓여 독립문화의 영역에서 전국단위의 인지도를 가지고 있다. 다양한 장르의 인디 음악인(힙합, 인디 밴드 등), 그래피티나 설치미술 등 다양한 예술가들이 아지트를 중심으로 모이고 새로운 구상을 해서 실천하는 다원문화매개공간으로 오랫동안 기능해오고 있다.

　　아마도 부산에서 활동하는 문화예술인들이라면 누구나 독립문화공간 아지트를 청년문화의 핵심거점으로 인정할 것이다. 단순히 물리적인 공간의 문제가 아니라 수없이 많은 청년들이 오고 가며 예술로 소통하고 교류하는 장소이기 때문이다. 입주하여 작업이 가능한 공간뿐만 아니라 무료로 사용할 수 있는 게스트 하우스를 갖추고 있어서, 국내는 물론 일본, 홍콩, 태국, 영국, 프랑스 등 외국의 독립문화영역의 예술가들이 모여들어 활발한 만남이 일어나고 있다. 아지트를 방문하면 어김없이 만날 수 있는 각국의 외국인들은 때로 레지던스 사업지원을 통해서 초대하는 경우도 있지만, 소문을 듣고 일부러 찾아오는 게스트들도 심심찮다. 부산의 아지트를 먼저 방문하고 서울로 가는 경우도 많을 정도로 아지트의 국제 교류는 그 위상이 높다.

　　맏형처럼 지역 청년문화의 든든한 버팀목이 되고 있는 아지트는 최근 일본, 홍콩, 태국 등의 아시아를 중심으로 다양한 국제레지던스 사업을 진행하면서 지역 청년문화 씬의 질적 수준을 높여내고 있다. 아지트를 찾아오는 국내외 아티스트들 간의 교류는 부산대학교 정문과 클럽들을 활용한 2012년 제로페스티벌, 광안리 해변을 무대로 펼쳐진 부산청년문화수도 광안리사운드웨이브 페스티발로 자연스레 이어지면서 지역문화예술에 풍부함을 더해주고 있다. 그러나 최근 아지트는 건물주가 매각의사를 밝히게 되었고, 매각의사를 밝혔으나 거액의 매입금을 감당할 수 없어 폐쇄 위기를 맞고 있는 상황이다. 지역 청년문화의 중심지이자, 국내외 문화예술인 네트워크의 중요한 거점으로 기능하고 잇는 아지트가 지속가능할 수 있도록 지역사회의 각별한 관심이 필요하다.

● 부산 금정구 장전1동 74-36　　● agit.or.kr

배밭에서 예술을, 오픈스페이스 배

오픈스페이스 배는 오래전부터 지역에서 국제 레지던스 프로그램을 운영해온 부산의 대표적인 예술공간이다. 2006년 부산 외곽지역인 일광에서 지역 작가 및 활동가들이 십시일반 힘을 모으고 기업 메세나 형식의 기부로 배밭과 창고를 활용해 예술가들이 머물고 창작할 수 있는 레지던스 공간 겸 대안 전시 공간을 만들었다. 입주한 영화감독이 공포 영화(부귀영화)의 배경으로도 활용할 정도로 오픈스페이스 배가 위치한 곳은 독특한데, 부산의 외곽 일광산 중턱에 위치한 이곳은 찾아가기가 어려울 정도로 외진 곳이지만, 바로 그 점이 자연 속에서 예술을 창작하고 전시하는 대안공간의 개성으로 이어진다.

어린이를 대상으로 한 교육프로그램 〈미술아놀자〉, 대학을 갓 졸업한 신진작가의 현실적 적응을 돕기 위한 교육프로그램 〈아티스트 인큐베이팅 프로그램〉, 가능성 있는 젊은 작가/재조명할 가치가 있는 작가를 지원하기 위한 전시프로그램 〈Art you

Ready?〉, 지역과 지역, 지역과 세계를 엮는 〈로컬 투 로컬 프로그램〉, 외국의 예술 공간과 교류를 위한 〈작가 교환 프로그램〉 등의 다양한 프로그램과 프로젝트를 통해 부산을 기점으로 폭넓은 예술 활동과 세계적 네트워크를 실현하고 있다.

뿐만 아니라 오픈스페이스 배는 끊임없이 지역과 연계한 공공미술 프로젝트를 통해 공공미술이라는 화두를 던지고 있다. 2007년부터 3년간 안창마을에서 시작된 〈안창고 프로젝트〉, 이후 부산의 대표적인 원도심인 산복도로 일대에서 진행된 〈산복도로 1번지 도시에는 골목길이 있다〉 프로젝트는 예술가와 지역민이 협업하고, 인문학적 바탕을 통해 지역 정체성에 접근한 공공미술의 좋은 선례로 남았다. 이처럼 자연과 도시, 예술과 지역, 사람과 사람을 잇는 하나의 교두보 역할을 하는 오픈스페이스 배를 통해 앞으로 지역에서 진행될 창작공간 조성 사업이 나아가야 할 방향을 읽을 수 있다.

• 부산시 일광면 삼성리 297-1 • www.spacebae.com

꽃마을 아트 스튜디오

이름부터 예사롭지 않다. 요즈음 모두가 지역이나 마을을 말하는데, 꽃마을이라니! 왠지 대도시와 어울리지 않을 것 같은 이곳은 구덕산에 위치하여 도심 속 섬과 같은 분위기를 풍기는 곳이다. 끝도 없이 솟아오른 빌딩 숲, 무수히 스쳐지나가는 무표정의 사람들에서 한 뼘 정도 벗어나있는 꽃마을을 오고가는 등산객들, 산책을 즐기는 이들 속에서 삶의 환희들이 느껴진다. 요즈음 힐링이 대세라고 하는데, 우울함이 습관이 되어버린 도시인들이 멀리 교외까지 나가지 않더라도 자연 속에서, 걷는 사람들로부터 힐링 받을 수 있는 곳이 꽃마을이다.

꽃마을의 '꽃'이 되는 건 자연만이 아니다. 꽃보다 아름답다는 사람들이, 그것도 전 세계 곳곳의 실험적인 젊은 작가들이 꽃마을에서 그 예술적 재능을 피워내고 있다. 이미 몇 해 전부터 꽃마을에서는 국제자연예술제를 시작으로, 예술가들의 교류가 이어지고 있다. 꽃마을아트스튜디오가 생겨나면서 일본, 중국, 미국, 대만, 에스토니아, 프랑스, 콜롬비아 등의 문화 단체와 신진 작가들이 설치미술, 행위예술, 거리공연 등의 프로그램을 위해 꽃마을을 찾고 있다.

퍼포먼스나 실험예술은 난해한 것으로 받아들이기 쉬워 이른바 소수 마니아들의 취향으로만 여겨지거나 일상생활과 동떨어진 곳에서 이루어지기 일쑤이다. 그러나 꽃마을아트스튜디오에서 이루어지는 예술가들의 교류는 주말아트캠프 등의 프로그램으로 지역민들과 소통하려고 애를 쓰고 있다. 그래서 매번 예술인들이 올 때마다 꽃마을엔 정겨운 축제의 시간이 열린다. 꽃마을에서는 자연의 꽃뿐만 아니라 사람들의 꽃향기, 예술이 도시의 숨구멍을 틔우는 현장의 분위기에 흠뻑 취해볼 수 있다.

• 부산 서구 서대신동 꽃마을로 169번길   • www.facebook.com/artinnature

부산노리단, 지역문화의 새로운 자극

만약 누군가 창조적인 힘은 어디서 나오느냐 묻는다면 가장 뻔해 보이는 대답이겠지만 주저 없이 노력이라고 말하고 싶다. 그건 누구나 할 수 있는 말 아닌가라고 심드렁한 사람들에겐 다시 한 번 강조하고 싶다. 끊임없는 노력은 아무나 하는 것이 아니라고. 대체로 실패하는 경우가 많은 사회적기업의 현실에서, 그중에서도 '문화'라는 상품화가 어려운 분야에서 부산 노리단이 버티는 힘은 그런 노력에서 나왔다.

지금이야 부산 노리단이 주례문화O터 등을 운영하며 어느 정도 지역사회에 안착해 있는 것처럼 보이지만, 그들의 힘든 시작과정을 아는 분이 있을까? 비록 항구도시 부산이 개방적이고 타 문화를 수용하는데 있어 관대한 편이라고 해도 부산 노리단이 처음 독립문화공간 아지트에서 부산 지역 문화예술인들과 간담회를 가졌을 때의 인식은 그리 좋은 편이 아니었다. 이후에도 부산 노리단은 서울의 지점이 아니냐라는 비판 속에서 악전고투를 겪어야 했고, 제대로 된 연습실이 없어서 이리저리 옮겨다녀야 했다.

그럼에도 그들은 끊임없이 사람을 만나고, 자신의 사업비전을 이야기하고, 여러 지역의 행사에 참여하면서 내실을 다지고 있다. 산업자재와 생활용품 등을 활용한 타악기 퍼포먼스와 이를 교육에 활용하는 워크숍 등을 통해 부산의 크고 작은 행사들에서 그 역량을 보여주고 있다. 볼거리와 대중과 호흡하는 예술이 부족했던 부산에서 노리단의 다양한 퍼포먼스와 워크숍은 시민들에게 새로운 볼거리와 상상력을 환기할 뿐만 아니라 기존에 활동해오던 예술가와 단체들에게도 많은 자극을 주고 있다. 2011년 여름 회춘프로젝트와 연계된 온천천의 대규모 공연을 시작으로 조선통신사 퍼레이드, 사운드웨이브페스티벌에서 특유의 퍼포먼스로 많은 호응을 얻었다. 또 문화다양성, 에코 등의 주제로 워크숍이나 쇼를 진행하는 등 부산노리단의 역량을 다양한 분야에 결합하여 풍성함을 더하고 있다.

다양한 장소에서 만나게 되는 부산 노리단의 흥겨운 현장은 단원들을 비롯한 많은 사람들이 노력한 결과이다. 화려해보이고 신기해 보이는 노리단의 공연 뒤에는 오늘도 끊임없이 노력하는 그들이 있다. 창조는 재치나 재능이 아니라 지속이다.

- 부산 사상구 주례2동 152-7 주례문화O터 　● blog.naver.com/bsnoridan

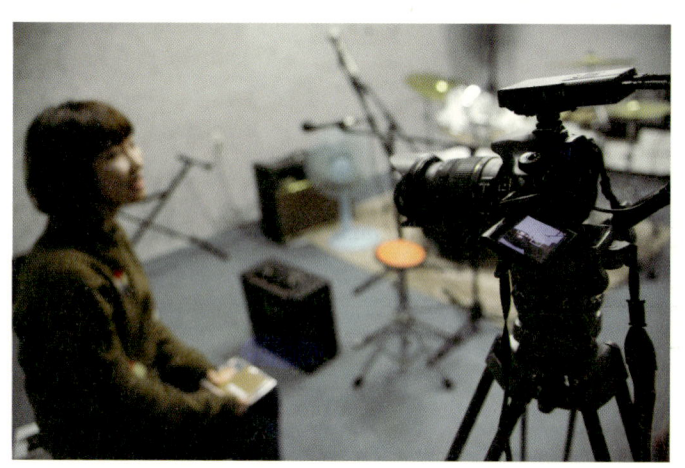

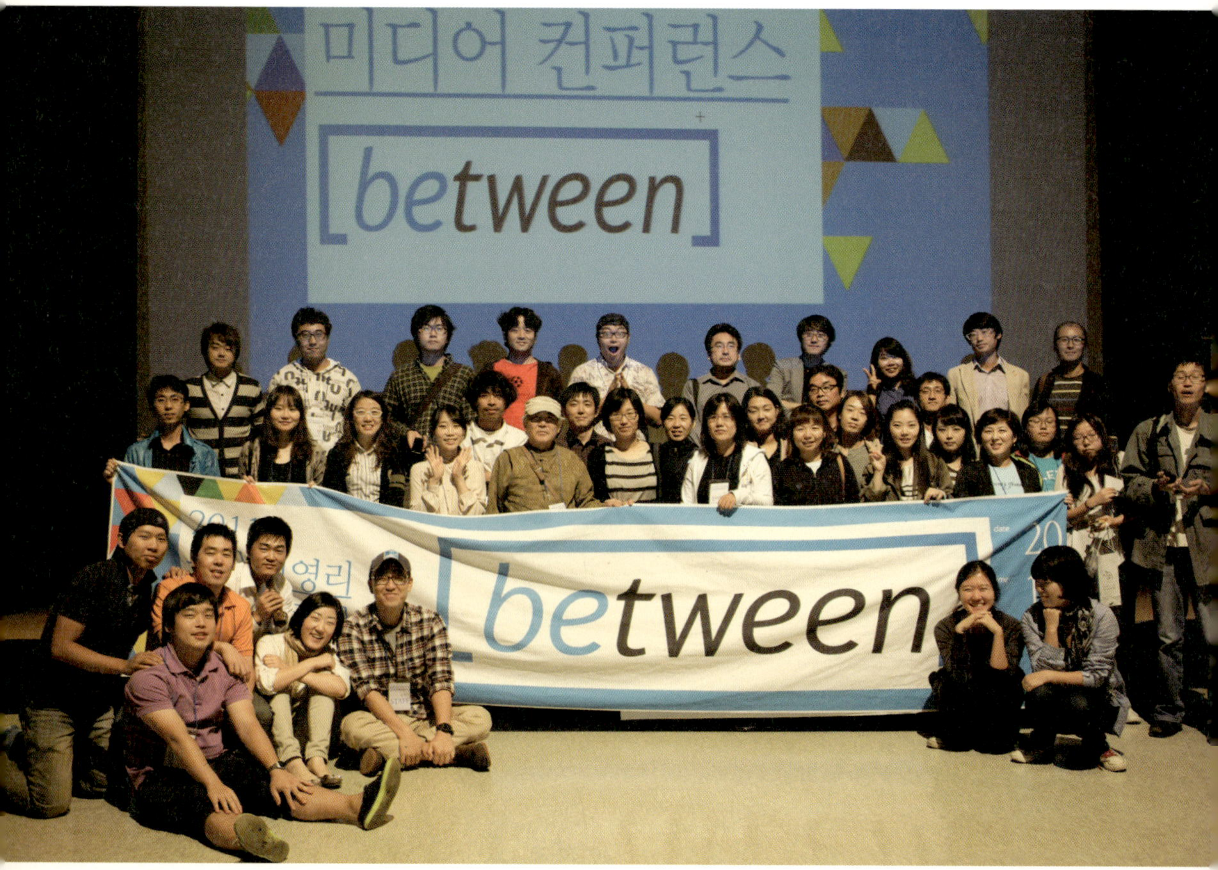
미디어 컨퍼런스
[between]
between

세상을 담는 이야기공장 '미디토리'

2010년 9월 영상분야의 청년 8명이 모여서 미디토리라는 사회적기업을 만들었다. 미디어와 스토리의 합성어인 미디토리는 미디어라는 도구를 활용해서 사람들의 이야기를 담아내겠다는 의지를 담은 이름이다. 미디토리 홈페이지 대문에는 "미디토리는 당신의 이야기를 미디어로 디자인하는 사회적 기업입니다"라는 문구가 적혀있다. 사람들의 이야기를 소중하게 여기는 태도를 읽을 수 있는 대목이다.

미디토리에서는 미디어 컨텐츠 제작과 미디어교육, 웹커뮤니티 기획 등의 사업을 한다. 또한 눈에 띄는 것으로 '부산비영리미디어컨퍼런스'를 개최하고, 지역 인디밴드와 그들의 노래를 소개하는 팟캐스트 '인디야', 자립음악생산자 직거래 공연 '인디야 피크닉' 등도 진행하고 있다. 지역의 비영리단체들에게 미디어 교육을 지원하는 것에서부터 컨퍼런스를 만들어서 서로 상생할 수 있는 방법을 모색하고, 로컬음악씬과 미디어의 연계를 통해 지역의 음악과 예술가들이 대중과 만날 수 있는 채널을 만들어 지원하고 있다. 또한 흔히 볼 수 없는 영화들을 선별하여 공동체상영도 진행하고 있어, 영상분야와 관련된 전방위적 활동을 하고 있다.

사회적 기업이라 함은 사회적 가치실현과 수익창출을 동시에 하는 기업이다. 미디토리가 어떻게 사회적 가치를 구현하는 지는 여러 활동들을 통해서 충분히 짐작할 수 있다. 지역의 다양한 이야기를 담고 유통하려는 미디토리가 수익을 창출하여 지속적인 활동을 할 수 있기를 응원한다. 지역에서 다양한 이야깃거리를 가지고 있고 미디어와 영상을 고민하는 사람들이라면 미디토리와 머리를 맞대고 함께 고민하는 것도 괜찮겠다. 미디어나 영상의 활용도가 점점 높아지고 있다. 부산이 품고 있고 또 생겨날 많은 이야기들이 미디토리의 손을 거쳐 더 많은 사람들에게 알려지기를 바라본다.

● 부산 부산진구 부전동 475-4 5층   ● www.meditory.net

문화독해운동/
지식나눔공동체 이마고

"즐겁지 않으면 어떤 것도 하지 않는다. 이것이 이마고의 기본정신입니다. 시장 자본주의가 주는 말초적 자유를 넘어서기 위해서는 그것과는 다른 더 강렬한 즐거움을 주는 자유가 있다는 것을 실천을 통해 증명해야 합니다. 그래서 우리가 선택한 저항의 방법은 '즐거움' 입니다."

문장이 주는 의미가 강렬하여 왠지 세상물정 모르고 치기어린 청년들의 단체일 것 같은 문화독해운동/지식나눔공동체 이마고는 40대 ~ 60대의 세상사를 누구보다 잘 아시는 '어른' 들이 만든 단체이다. 2007년 동아대학교에서 주최한 통합논술지도사 과정에서 만난 이들이 모여 창립한 문화독해운동 이마고는 인문학 공부를 통한 새로운 삶의 실천, 시민 인문학 교육의 활성화, 대안교육의 활성화, 다양한 문화생활의 향유 등 다함께 모여 공부하고 토론하고 소통하며 행복한 삶을 위한 생활공동체를 만들어가는 단체이다.

점점 더 인문학이 어떤 것을 이루기 위한 '수단'으로 사용되는 요즈음 이마고에게 있어 인문학은 그 자체가 삶이다. 그래서 이마고 회원들에게 있어 장르와 세대는 결코 경계선이 아니다. 다양한 책들을 주제로 하는 독서세미나, 어린 아이들의 책 정도로 폄하되고 있는 그림책에 대한 본격적인 탐구와 창작활동, 시민과 함께하는 그림책 포럼, 〈가족공감 그림책 만들기〉같은 세대 간 소통과 치유를 위한 프로그램 진행, 보수동 책방골목문화관과 공동진행 하는 〈영화로 사유하기〉, 고전강독모임 및 고전서사시 낭송연구모임, 〈매축지마을 세대공감 그림책 만들기〉같은 아동과 노년층이 함께 참여하는 문화예술교육 프로젝트를 진행하는 것은 물론, 2013년부터는 원도심 문화예술창작공간 또따또가의 입주단체로서 자체 소식지 발간 및 문화예술공간/단체들과 연대하는 등 부산발 인문학 바람의 진원지가 되고 있다.

창조도시의 개념이 갈수록 기발함이나 신선함과 같이 새로움에 대한 추구 능력으로 연결되면서 청년 세대를 중심에 두는 경향이 강해지고 있다. 지역과 공간은 물론, 세대와 세대가, 즉 과거와 현재가 끊임없이 이어질 수 있을 때 미래는 가능해진다. 자신들의 자녀를 데리고 인문학 강좌에 참석하고, 젊은 친구들이 만들어가는 공간을 이웃처럼 드나들며 살림살이를 챙기는. 점점 우리 사회로부터 소외되어가는 어르신들에게 봉사가 아닌 삶을 함께 살아가는 진짜 '어른' 들, 이마고가 만들어갈 부산이 기대되는 이유다.

• cafe.daum.net/eduwriting

나의 삶을 생태적으로 자립할 수 있도록, 부산 온배움터

요즈음 대도시에서의 삶에 지친 이들에게 가장 뜨거운 화두는 고즈넉한 자연 속에서의 삶인 것 같다. 손수 집을 짓고 조그마한 땅을 일궈가고, 꽃피고 낙엽 지는 산길을 오르락내리락 하며 살아가는 모습을 꿈꾸는 사람들은 종종 귀농을 하기도 한다. 특히 건강에 대한 관심이 어느 때보다 높아지면서 생태적 삶을 꿈꾸는 이들이 점점 많아지고 있다. 하지만 도시생활에 워낙 익숙해져 있는 사람들에겐 자연생활을 해보거나, 그에 적응하기란 만만치 않은 일이다. 지역에서 생태적 삶을 고민하는 사람들에게 부산 온배움터는 반가운 소식일 것이다.

부산 온배움터는 함양 온배움터(전 녹색대학)에서 오랫동안 추구해온 생태문화공간 창조의 뜻을 이어받아 2011년 시작되었다. 현재 전 지구적으로 문제가 되고 있는 생태환경 위기의 문제를 우리의 삶을 좀 더 자립적으로, 생태적으로 바꿔나감으로써 해결하기 위해 시작되었다. 자연에서 먹고 입고 자라되, 최대한 자연을 해치지 않기 위해서는 의식주뿐만 아니라 의학, 에너지, 교육, 철학 등 매우 다양한 요소들이 생태적으로 전환되어야 가능하다. 그래서 온배움터는 우리사회와 삶을 구성하는 주요한 분야에 실용적이고 전문적으로 생태적 기능과 지식을 전수하여, 개인이 생태적 삶으로 나아갈 수 있도록 안내한다. 나아가 준/전문가 수준의 생태적 지역 일꾼을 키워냄으로써 지역을 좀 더 생태적인 공간으로 만들어가려는 것이 배움터의 가장 큰 목적이다.

현재 부산 온배움터에는 그야말로 다채로운 분들이 함께하고 있다. 대학의 철학과 교수에서부터 건축연구소 소장, 공방 대표, 산야초 전문가, 마을만들기 활동가 등이 각자의 영역에서 경험과 지식을 바탕으로 시민들과 만나고 있다. 그래서 봄과 가을 두 차례에 걸쳐 산야초, 자연농법 텃밭농사, 생태건축, 자연의학, 천연염색, 신재생에너지 등 실생활에서 바로 쓰일 수 있는 실용적인 강좌들뿐만 아니라 생명사상, 생태철학, 마을경제 등 자립적, 순환적인 삶으로 인도하기 위한 철학 강좌들까지 다양한 강좌들이 개설된다. 시민들과 함께 생태적 삶을 꿈꾸며 삭막한 도시에 불어넣을 맑은 숨결이 기대된다.

- 부산 연제구 거제동 89-53   • cafe.daum.net/busanecoschool

인권은 모두에게, 이주민과 함께

부산·경남에만 10만 명이 넘는 이주민이 살고 있고 계속 늘어나고 있다. 취업이나 결혼 등의 이유로 오게 된 이주민들에게 한국은 Korean Dream의 대상이었는지 몰라도 외모가 조금만 다르거나, 한국말을 잘 못하거나, 음식이나 문화가 달라서 이상하게 쳐다보는 눈빛에 시달린 이주민들에게 현재의 삶이 좋은 꿈은 아니겠다. 다르기 때문에 차별받는 정도를 넘어 아예 그들의 심리를 이용해 값싸게 노동을 이용하고 임금을 체불하거나, 일하다가 다쳐도 제대로 된 치료나 보상도 못 받고 강제 귀국을 당하거나, 결혼이주여성의 경우 자녀의 적응이나 차별에 대한 책임도 고스란히 본인이 떠안게 되거나, 그대로 돌아갈 수 없어 불법체류를 해서라도 일거리를 찾아 숨어 살아가는 이주민들에게 한국은 Nightmare가 아닐까.

이주민과 함께는 1996년 10월 '외국인노동자인권을 위한 모임'으로 인권상담을 시작했고 97년부터는 한글교실과 한국문화체험, 무료진료, 영자신문 발간 등 점차 이주노동자의 권익과 인권을 위한 활동의 폭을 넓혀왔다. 2007년 사단법인으로 전환한 이주민과 함께는 이주노동자 인권을 위한 모임, 이주여성·다문화가족센터 어울림, 이주와 인권연구소, 다문화인권교육센터, 아시아평화인권연대, 이주민통번역센터와 부산시에서 위탁받은 부산외국인근로자지원센터를 부설기관으로 함께 운영하고 있다. 후원자 500여명과 자원활동가 100여명의 후원금, 물품, 재능 등의 도움으로 이주민과 함께가 운영되고 있다.

이주민과 함께의 가장 중요한 역할은 이주민들에게 임금체불, 폭력, 산재, 출입국 등의 문제들에 대해 상담하고 무료진료, 통번역을 지원하는 것이다. 부당한 처우를 받지 않도록 노동권 등 기본적인 권리에 대해 교육을 하고 이주민들이 스스로의 어려움을 나누고 자국의 문화를 즐길 수 있는 각 국가의 공동체를 지원하기도 한다. 이주와 인권연구소는 이주정책에 대한 세미나를 여는 등 연구를 통해 관련 제도가 이주민들의 인권을 보장하는 방향으로 개선되도록 제안한다. 또 다국어 신문 등을 배포하는 등 캠페인이나 집회를 통해 이주민 인권보장과 제도개선을 촉구하기도 한다. 이러한 활동들은 자연스레 이주민들의 고국에 있는 다양한 NGO들과 연계하여 장학사업이나 도서관 지원사업 등 국제적인 연대활동으로 이어지고 있다. 타향살이를 조금이라도 해본 사람이면 아프고 걱정이 있을 때 옆에서 관심을 가져주고 이야기를 들어주는 사람이 얼마나 절실한지 느껴봤을 것이다. 이주민과 함께는 부산에서 이주노동자와 결혼이주민과 그들의 자녀들에게 그런 이야기를 들어주는 장소이자 이웃이다. 악몽의 현실을 경험한 사람들에게 좋은 이웃이야말로 진정한 Korean Dream을 가능하게 하지 않을까.

• fwr.jinbo.net

창조도시 부산을 깨우다

문화를 통해 복지를, 문화복지전문인력

힘들게 공부해서 높은 경쟁률을 뚫고 공무원이 되거나 입사를 했는데 복사만 하고 있다는 자조적인 목소리가 들린다. 잠재된 능력이나 창의력이 발휘될 기회 없이 분업화된 공장처럼 맡겨진 일만 하면 되는 조직구조가 만들어내는 현장이다. 복지가 강조되는 가운데 복지공무원의 과중한 업무가 문제되는 것도 사람을 더 뽑았어야 했다는 분석 이전에 조직이 유연하게 공동의 목표를 달성하는 문화가 부재하기 때문에 생긴 것인지도 모른다. 맡은 분야만 하면 되는 조직문화가 한 사람에 대한 업무 과중으로만 드러나지 않는다. 다른 업무 파트와의 공조나 전체의 그림 속에서 비전을 세우고 일의 우선순위를 정하는 데 방해가 되는 것이 오히려 큰 문제이다. 특히나 복지라는 영역은 가치나 지향도 중요하지만 그것을 구현하기 위한 협력 없이는 아무리 좋은 복지정책도 박제된 유물로 남을 가능성이 크다.

이런 상황에서 부산은 2012년 시범사업에 이어 2013년에도 문화복지전문인력을 구청이나 관련 기관에 배치했다. 문화복지전문인력은 복지를 사회적응을 위한 재원을 지원하는 것을 넘어 문화를 향유하고 창작하는 등의 과정을 통해 소외계층이 자존감을 회복하면서 자연스레 이 사회의 일원임을 느낄 수 있도록 문화와 복지라는 영역을 넘나들면서 복지를 고민하고 실현한다. 지자체 및 지역 복지관, 장애인 시설, 도서관, 지역공동체 뿐 아니라 지역의 예술가와 문화단체 등을 오가면서 기관별로 진행되던 복지나 문화 사업을 연결하면서 각 지역의 특성에 맞도록 문화복지 환경을 만들어 가고 있다. 지역의 문화적 소외계층과 문화인프라를 조사하고, 이주민 축제나 복지관에서 진행하는 문화사업이나 강좌에 지역 예술가를 연결하면서 복지 영역에서의 문화의 중요성을 환기하고 있다.

문화체육관광부와 부산문화재단이 주관하는 문화복지전문인력은 복지 구현에 문화영역의 역할을 강조하고, 다양한 주체들을 매개한다는 점에서 다양한 역량이 동시에 요구된다. 복지에 대한 기본적인 이해를 하고 있어야 할 뿐만 아니라 지역의 문화인프라를 적재적소에 어떻게 연결시킬 것인지를 계획하고 실행에 옮기는 문화기획자의 자질도 갖추고 있어야 한다. 그리고 행정기관, 복지기관, 문화단체 등 다양한 주체들을 만나고 조율하기 위해서는 네트워커로서의 역량이 무엇보다 중요하다. 복지라고 하는 것은 제도이기 이전에 함께 어울려 살아가는 문화이기에 여러 분야를 넘나들며 어울려 살기 위한 고민을 매개하는 역할은 더 중요하다. 2년차에 접어든 부산의 문화복지전문인력들이 각 지역을 가장 잘 파악하고 연결하는 전문가로서 지역의 복지에 문화적 상상력을 더하기를 기대해본다.

집단 수다와 잡기로 만드는 잡지, 개념미디어 바싹

　권력의 하수인이나 기업의 홍보지가 된 기성 언론에 대한 대안으로 개인의 시선과 재능을 소중하게 다루겠다는 잡지가 있다. 바로 개념미디어 바싹. 개념 있는 미디어가 되겠다는 의미와, 아마추어들이 코너를 하나씩 만들어가는 방식을 취하고 있기 때문에 과정을 포함한 미술인 '개념미술'에서 수식어를 빌려와 "개념미디어 바싹"이라고 이름을 붙였다. 엽서형태의 잡지라는 괴상한 아이디어 하나로 시작됐던 개념미디어 바싹은 현재 지역공동체, 풀뿌리단체들의 출판에 결합하기도 하고 개인들의 관심사를 사람들과 공유할 수 있는 기사로 풀어내면서 왕성한 활동을 하고 있다.

　보통의 잡지와 달리 매 주 한 번씩 모여 스스로의 관심사나 주제를 꺼내놓고 그것을 가장 잘 드러낼 수 있도록 수다를 펼쳐진다. 회의자체가 각자가 지닌 말하기의 방식을 수용하고 다시 돌려주는 즐거운 수다의 자리가 되는 것이다. 자신의 장점을 풀어놓으면 회의테이블이 살을 붙인다. 거창하게 집단지성이라고 할 것까지는 없지만 집단잡기를 활용한 장점 부풀리기다. 그렇게 하나씩 코너가 만들어지는 과정 자체가 각 기자들의 장점을 공유하는 과정이 되고 그것은 또 개인이 지닌 수다의 방식을 수용하며 수다집단이 되는 과정이기도 하다. 수다가 작품이 되고 글이 되어 기사가 되고 매체가 되는 미디어. 이것이 바로 개인이 지닌 수다의 형식을 지지하는 바싹의 문화이자 힘이다.

　이러한 개인의 시선과 재능을 소중하게 여기는 바싹의 활동은 그 자체로 개인의 문화를 존중하고 수집하는 장이 될 뿐만 아니라 거대 언론이 다루지 않는 지역의 작지만 소중한 소식들을 탐색해서 전달하는 역할도 하고 있다. 그리고 바싹의 기자와 화가들은 인근 마을도서관에서 아이들에게 글쓰기와 그림을 가르치는 선생님이기도 하다. 또 수몰의 역사가 있는 오륜동 어르신들의 이야기를 수집하고 앨범에서 사진을 모아 전시를 열고 책을 출판하고(오륜에사심), 집단 이주로 형성된 서동의 이야기로 포토에세이를(서동, 고개를 넘다) 만드는 등 지역의 이야기를 찾아 묶어내는 등 지역의 문화에 활기를 돋우는 일들을 만들고 있다.

• www.bassak.co.kr

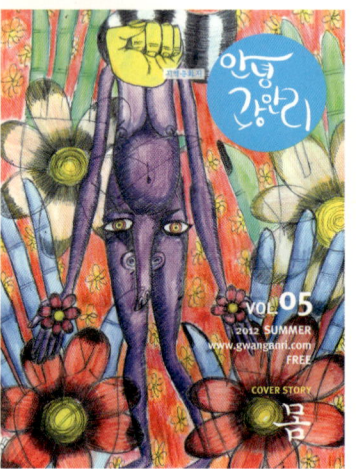

지역을 담는 문화잡지, 안녕 광안리

부산의 명소로 많은 사람들이 찾는 부산의 명소로 광안리해수욕장이 있다. 고층 빌딩과 아파트로 둘러싸인 해운대해수욕장과는 달리 무질서해 보이는 광안리는 또 다른 매력을 가지고 있다. 해수욕장부터 포구와 해녀, 카페와 횟집, 갤러리가 공존하는 광안리는 부산의 특성이 잘 드러나는 공간이다. 남녀노소의 다양한 연령대의 사람들, 지역민, 외지 방문객들이 모여 도심형 포구와 휴양지의 독특한 일상문화가 뒤섞이는 곳이다.

'광안리 사람들'은 광안리를 좋아하는 사람들이 모여 광안리라는 공간에 얽힌 다양한 문화와 이야기들로 '안녕 광안리' 계간 문화잡지를 발행하고 있다. '안녕 광안리'는 일반 문화지와는 달리 광안리라는 공간에 숨겨진 문화의 속살을 벗겨내는 재미가 매력적인 지역문화지이다. 서울에서는 이미 시도되고 있었던 일이지만 특정 공간에 주목한 지역문화지 발간은 부산에선 거의 없던 일이다. 안녕 광안리는 광안리 주변에 살거나 장사를 하는 사람들이 주축이 되어 광안리와 부산의 문화와 이야기를 발굴하고 기록하고 있다. 화려한 가치를 내세우거나 거창한 구호를 일삼는 것이 아닌, 그들이 생활하는 일상공간에 대한 애정과 관심을 잘 보여준다.

또한 '안녕 광안리' 잡지를 통해 만들어진 지역 네트워크를 활성화하여 청년문화인들이 또 다른 문화행사 및 사업을 벌이기도 한다. 부산만이 가진 잡동사니 취향의 문화, 마이너들의 문화, 새로운 것을 계속 받아들이는 문화를 살려 부산만의 비전이나 특성을 가진 행사들을 만들고 있다. '광안리 사람들'은 문화 공연 기획과 진행으로 활동 범위를 넓히려고 주식회사를 설립했고 나아가 사회적 기업으로의 전환을 꾀하고 있다. 청년예술가들을 모아 광안리 해변에서 야외공연 '광안리의 달'을 개최하기도 하고, 국내외 지역을 아우르는 청년문화예술단체들이 의기투합하여 광안리사운드웨이브 페스티벌도 열었다.

익숙해서 소중함을 잊고 지낼 수 있는 일상 공간을 조명하고, 지역 문화에 관심을 환기하는 '안녕 광안리'의 꾸준한 행보가 또 다른 문화적 흐름을 일궈내고 있다. 이 계간지를 통해서 일궈나가는 청년 예술인 및 문화 단체들 간의 네트워크 역시 부산 문화의 중요한 흐름이다. 다양한 사람, 카페, 문화 공간들이 어울려 있는 광안리를 조명하면서 다양한 문화적 실험을 하는 '안녕 광안리'의 활동이 기대된다.

- 부산 수영구 남천동 5-13 남천K상가 지하1층   • www.gwanganri.com

기관지에서 대중지로, 함께가는 예술인

2003년부터 시작된 부산민예총의 기관지가 2010년 여름 개편을 단행하여 지금의 부산 문화예술 대중 잡지 '함께 가는 예술인'이 되었다. 과거 부산민예총 회원 중심의 잡지였던 것이 비회원들과 함께 읽을 수 있는 잡지로 변모한 것이다. 지역성에 근거하여 부산의 일상, 문화, 예술을 다루고 새로운 담론을 만들며, 문화를 매개로 대중과 소통하는 지역문화예술 잡지가 되겠다는 것이 개편의 이유이다. 이후 계간지로 발행되어오던 잡지가 최근에 격월간지로 바뀌면서 좀 더 자주 '함께 가는 예술인'을 만나 볼 수 있다.

'함께 가는 예술인'은 작은 편집장이라는 코너별 담당자가 있다. 작은 편집장들이 개별 기사의 처음부터 끝까지 책임지고 진행하는 구조인 것이다. 이러한 구조는 다양한 기사들이 나올 수 있는 계기이자 새로운 젊은이들을 결합시키는 계기가 되고 있다. 더불어서 2012년에는 자매지인 '배배소리(배고픈 예술인의 배부른 소리)'가 만들어졌고, 현재 플로그 TV에서 볼 수 있다. '배배소리'는 다양한 현안에 대해서 지면에서는 담을 수 없는 내용을 영상으로 제작함으로써 잡지가 가지는 한계를 극복하려는 전략이자 수단이다.

최근호인 42호 '함께 가는 예술인'은 '파'라는 타이틀로 발행되었다. '상식의 파괴와 전복'이라는 큰 주제 아래, 역사여행, 예술행동, 불온한고전, 음악실험실, 거리예술, 예술협동조합 등의 코너가 눈에 띈다. 부산의 소식도 한 가득이다. 잡지는 7,000원이며, 1년 정기구독을 하면 20,000원에 볼 수 있다. 부산에서 시작된 지역잡지의 향연들, 새로운 시도는 계속 이어지고 있다. 기관지의 대중화라는 어려운 변화를 감행한 것에 박수를 보내며 이러한 변화의 노력이 다양한 기관에서 매체의 역할을 고민하는 중요한 기폭제가 되었으면 한다.

- 부산 부산진구 전포동 660-17번지 4층
- artist.openart.or.kr/artist

부산의 독립출판 책방,
샵메이커즈와 프롬더북스

'독립출판'이란 기존 출판사에서 만들어지고 대형서점에 의해 유통되던 방식에서 벗어나 주로 소량, 자가 또는 주문 제작하는 출판방식을 일컫는다. 따라서 담을 수 있는 주제나 형식의 폭이 넓고, 디자인이나 구성 등에서 생산자의 주관이 더 많이 개입되는 특징이 있다. 기존의 출판과 유통시스템에서는 수량이나 디자인 등을 직접 구성하기 어렵고, 높은 비용 때문에 엄두를 내지 못하는 경우가 많았다. 그러나 개인들의 관심이 다양한 방향으로 확대되고 디자인을 할 수 있는 툴이 보급되면서 자신의 콘텐츠를 직접 구성하면서 원하는 수량만큼 출판하는 것이 가능해졌다.

서울을 중심으로 2010년을 전후로 하여 환경, 청춘들의 이야기, 여행의 경험, 뜨개질, 사소한 이야기들을 담은 소설집, 사진집 등 다양한 독립출판물들이 나오고 있다. 분야나 주제가 일상적인 것에서부터 고유의 경험, 보편적인 공감의 소재부터 마니아들의 소재까지 폭넓다. 부산에서도 개인들의 에세이를 모아 내는 계간잡지 '미열'이 독립출판을 통해 제작되고 유통되고 있다. 뿐만 아니라 이런 독립출판물들을 유통하는 책방이 두 곳 있다. 장전역 인근에 있는 샵메이커즈와 교대 인근에 있는 프롬더북스는 다양한 지역에서 제작된 독립출판물들을 선별하여 전시, 판매하고 있다

이 두 책방은 지역 내외에서 제작되는 소규모 출판물 뿐 아니라 음반, 디자인제품을 유통하면서 직접 인쇄물이나 서적을 디자인하고 만들어내는 제작소이기도 하다. 샵메이커즈에서는 전시 현장 중심의 미술비평잡지인 '크래커 달지 않은'을 만들어내고 있고, 프롬더북스를 운영하는 '그린그림'이라는 그래픽디자인스튜디오는 실크스크린이나 소규모 인쇄기기를 활용해 부산대학교 귀성문학회의 '월간귀성' 등 지역의 인쇄물들을 제작하고 있다.

이러한 독립출판물과 책방의 등장은 기존 출판사나 유통 시스템이 소재와 디자인에 대한 소비자와 작가의 다양한 욕구를 만족시키지 못하는 데에서 시작된 것으로 볼 수 있다. 아직 초기 단계라 독립출판물의 생산과 유통이 활발하다고 볼 수는 없다.(문장 나누기) 하지만 독립출판 자체가 다양한 콘텐츠를 수면 위로 드러냄으로써 색다른 시각과 문화를 독자에게 전달하는 하나의 문화로 자리 잡길 기대한다. 지역에서 먼저 그런 필요를 읽고 몸소 경험하고 있는 두 책방이 오히려 침체된 기성 출판시장에 좋은 자극이 되는 상상도 곁들여본다.

• 샵메이커즈. shopmakers.kr   • 프롬더북스. fromthebooks.com

부산을
맛보다
부산 오면
꼭 먹어봐야 할
부산·경남
맛집 산책
박종호 지음
산지니
釜山を食べよう
釜山日報 記者
パク・チョンホ
とっておきの96店
釜山にはおいしい
宝物が溢れてる
西日本新聞社

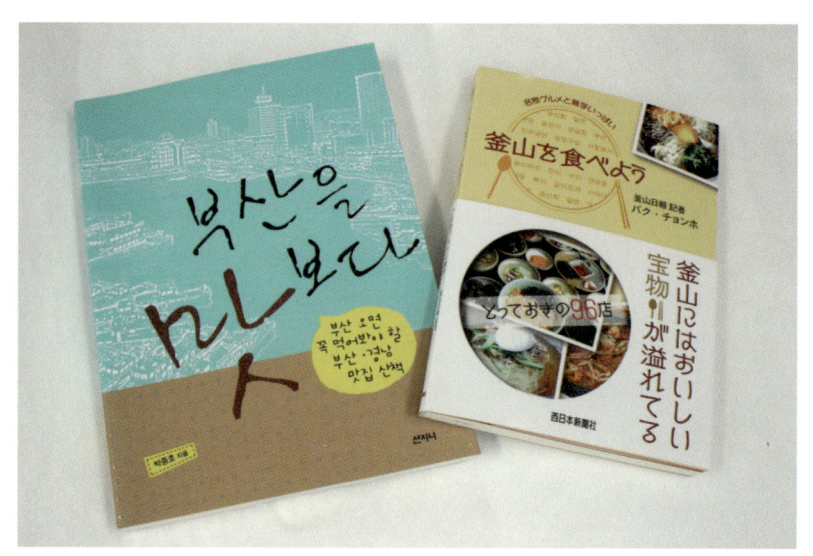

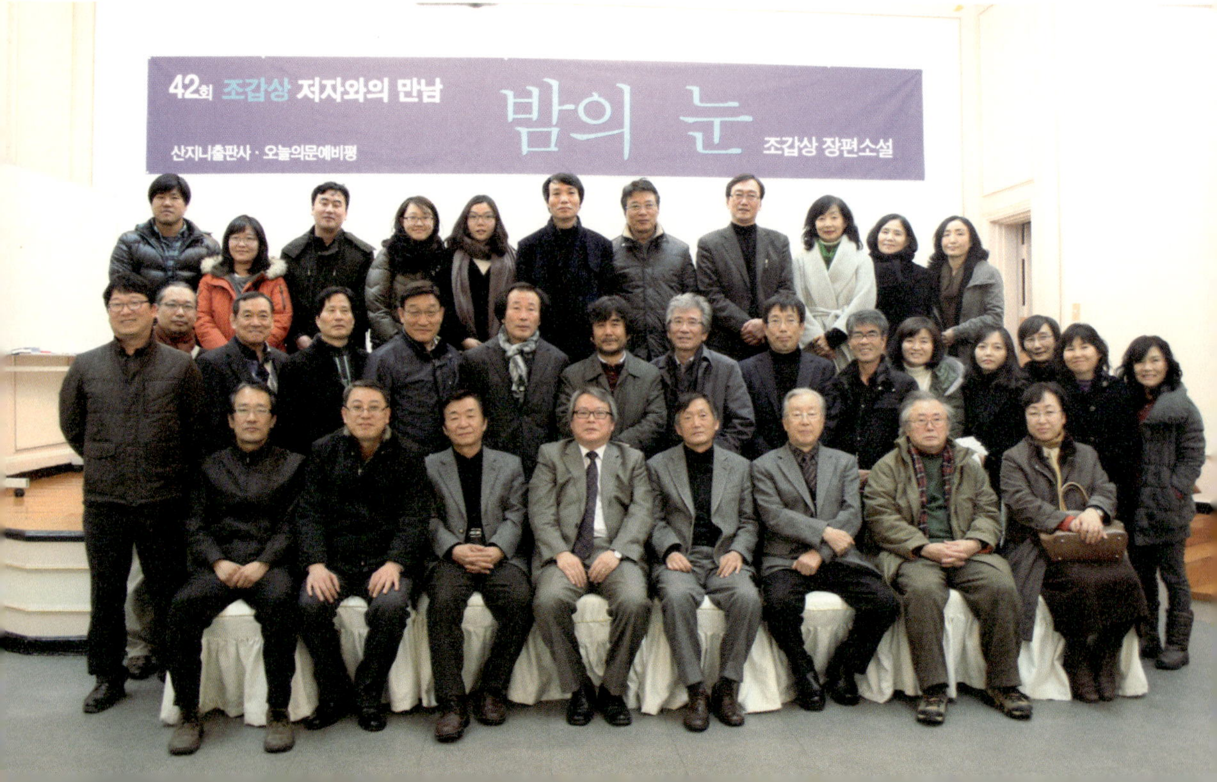
42회 조갑상 저자와의 만남
밤의 눈
산지니출판사 · 오늘의문예비평
조갑상 장편소설

지역 이야기의 힘, 산지니 도서출판

　요즈음 문화도시를 표방하는 각 지역자치단체들 모두 도서관을 늘리고, 독서를 위한 정책을 펼치면서 시민들에게 독서를 적극적으로 권유하고 있다. 그러나 지역 서점들은 계속해서 사라지거나 축소되고 있는 실정이며, 특히 지역에 기반을 둔 출판사는 거의 없어 95%이상이 서울에 존재하는 형편이다. 게다가 대형출판사나 인터넷 서점이 거의 출판시장을 독점하는 가운데, 지역 출판사를 꾸려나가는 일이 결코 쉬운 일이 아님에도 여전히 지역 출판사에 대한 관심이나 지원은 낮은 수준이다. 지역에서 활동하는 작가, 지식인들의 원고, 그리고 지역의 콘텐츠를 발굴하고 묶어내는 일은 단순히 책을 만드는 것이 아니다. 지역의 이야기를 생성해내고 다양한 문화적 자원들을 발굴하고 수면 위로 끌어올리는 일이다. 지역 출판사가 무엇보다 중요한 이유는 바로 여기에 있다. '문화의 지역화와 문화민주주의의 심화에 도움이 되는 출판사'로 초발심을 간직한 산지니 도서출판에 주목하는 이유다.

　산지니 도서출판은 부산을 거점으로 활동해오는 명실상부한 지역 출판사이다. 강수걸 대표는 산지니를 "산속에서 자라 오랜 해를 묵은 매로서 가장 높이 날고 가장 오래 버티는 매"라고 한다. 80년대에 자신의 대학교 앞에 있던 사회과학서점의 이름이기도 한 이곳에서 그는 책을 통해 세상을 배웠다고 한다. 그 경험은 2005년 산지니 도서출판의 설립으로 이어졌고, 2012년 12월 기준으로 171권 책을 출간하기에 이른다. 책을 매개로 지역, 작가, 지식인, 시민들을 꾸준히 연결시키고, 문학은 물론 인문사회지형에서 다양한 부산의 문화자원을 발굴해온 산지니 출판사는, 〈오늘의 문예비평〉발간이나 〈저자와의 만남〉행사 등을 통해 지역의 문화지평을 확장하는 역할에도 앞장서고 있다.

　특히 2009년부터 매월 꾸준히 책의 저자를 초빙하여 시민들과 만나는 〈저자와의 만남〉은 2012년 12월을 기준으로 46회째를 맞이하고 있다. 특히 백년어서원, 공간초록 등 지역 문화예술 공간과 함께 저자와 시민이 가까이 만날 수 있는 부산을 만들어내고 있다. 또 최근에는 부산 명물 음식의 유래와 부산, 경남 대표 맛집을 소개한 '부산을 맛보다'를 일본 출판부의 요청으로 일본어로 번역하여 출간하는 등, 아시아의 각 지역이 연결되는 국제적인 흐름에서 부산을 돋보이게 만들고 있다. 힘든 여건 속에서도 꾸준히 버텨나가며 지역의 이야기들을 전해주는 오래버티는 매, 산지니의 활공을 오래 지켜보고 싶다.

• sanzinibook.tistory.com

부산을 바라보는 진지한 창, 부산학연구

'알면 사랑 한다'고 했던가. 우리가 발 딛고 살고 있는 도시 부산을 알게 되면 부산을 사랑하게 되고 부산에서의 생활도 덩달아 더 사랑스러워질 것 같다. 부산을 알려면 어디에서부터 시작해야할까. 신문과 뉴스를 통해서 부산에서 일어나는 일을 알 수 있고, 골목과 탁 트인 바다, 시장의 활력 속에서 부산을 느낄 수도 있다. 뿌리를 만지듯 도시 부산을 깊이 있게 알아보고 다양한 관점으로 부산을 이해하고 싶다면 부산발전연구원과 신라대학교의 부산학 연구를 주목해보자. 부산발전연구원의 부산학센터가 연구중심의 부산학이라면, 신라대학교는 실천중심의 부산학 연구라고 할 수 있다.

부산발전연구원의 부산학연구센터는 2003년 설립 이후 지난 10여년 간 다양한 연구와 저술활동을 해왔다. 먼저 부산학교양총서는 시민들을 위한 대중교양서라는 점에서 큰 호응을 받고 있다. 2003년 '부산문화답사기 I·II' 창간호를 시작으로 2011년 '부산의 길을 읽다', 2012년 '사건과 기록으로 본 부산의 어제와 오늘'은 시민들에게 삶의 터전인 부산의 정체성과 특징을 잘 전하고 있다. 최근 특별기획 '부산, 과거의 창으로 미래를 말하다(2012)'는 부산에서 활동하며 자기 분야에서 독보적 업적을 남긴 열 두 분과의 대담을 엮은 책으로 직할시 승격 50주년을 맞아 부산의 과거, 현재, 미래를 깊이 있게 조명하고 있다. 부산학연구센터는 매년 부산학교양총서를 비롯하여 부산학기획연구, 부산학자료집 등 3~5권의 책을 발간하고 있으며 부산학 연구자들에게 연구지원을 하고 있다.

신라대학교 부산학센터는 2002년 부산의 지역성을 밝혀내고 구체적인 지역발전방향을 제시함으로써 부산을 살기 좋은 도시로 발전시키는데 기여하고자 설립됐다. 지역사회의 현안에 직접 참여하여 실천적인 대안을 마련하고 있다. 2012년 '서부산권 재창조 전략'과 같은 콜로키움을 개최하고, '동남권 상생의 발전 전략 모색'을 주제로 학술 심포지엄을 여는 등 지역발전을 위한 구체적인 전략을 제안하고 있다.

- 부산발전연구원 부산학연구센터. bdi.re.kr
- 신라대학교 부산학센터. silla.ac.kr

창조도시 부산을 깨우다

이야기가 있는 동구, '이바구길'과 우물복원프로젝트

부산역 맞은편 옛 남선창고 터에서 부터 1.5km의 길이로 쭉 이어지는 동구 초량동의 이바구길은 이름 그대로 이야기가 있는 길이다. 부산의 첫 물류창고였던 남선창고 터, 부산 최초의 근대식 종합병원이었던 백제병원 건물, 한강 이남 최초의 교회인 초량교회가 이바구길을 열고 있다. 나훈아, 이윤택, 이경규, 박칼린이 다녔던 초량국민학교도 이 길과 함께한다. 끝없이 이어지는 듯한 168 계단을 지나 고 김민부(1941~1972)시인을 기리는 김민부 전망대에 올라 숨 한 번 크게 쉬고 골목길을 조금 더 올라보자. '한국의 슈바이처'로 불린 고 장기려 박사(1911~1995)를 기리는 '더 나눔' 센터, 청마 유치환 선생(1908~1967)을 기리는 산복도로 우체통, 게스트하우스 '까꼬막' 이 이어진다. 이바구길의 끝머리에는 주민들의 구술사를 채록하고 골목길 사진전을 열고 있는 '이바구 공작소'가 있다. 이렇게 걷다보면 길이라는 공간이 단순히 사람들이 지나다니는 통로가 아니라 보통사람들의 삶의 흔적을 다음 세대에 전달해주는 전령처럼 느껴진다.

수도가 생긴 후 급속히 자취를 감췄던 우물 또한 도시 한가운데에서 마을의 활력으로 다시 샘솟고 있다. 지역의 전통과 현대를 잇는 소통의 공간인 우물을 살리고 주민공동체를 회복하기 위해 2011년부터 부산YMCA와 동구청이 함께 우물공동체「정(井)다운 마을 만들기」사업을 추진하고 있다. 우물복원프로젝트「정(井)다운 마을 만들기」는 2012년 현재 34개의 우물터를 복원한 상태다. 동구 주민들은 '우리동네 우물 지킴이단' 을 결성해 방치된 옛 우물을 찾고 우물의 역사와 유래, 우물 주변에 얽힌 이야기를 찾아낸다. 우물 이름 짓기 주민 앙케이트를 통해 좌천동 봉생병원 인근 우물은 ' 좌천 큰 새미 '와 ' 좌천 작은새미 '라는 정겨운 이름을 얻었다. 프로젝트 추진 중에 조선 시대 말에 조성된 것으로 추정되는 우물까지 발견되면서 말 그대로 전통과 현대를 잇는 우물복원프로젝트가 되고 있다.

그동안 많은 마을사업과 도시재생 사업들이 관(官)과 전문가가 중심이 되어 추진되면서 비판과 한계에 부딪혀왔다. 부산 동구의 이바구길과 우물복원프로젝트는 시민들의 지속적인 관심과 참여로 마을사업의 새로운 가능성을 보여주길 기대해본다. 무엇보다 세대를 넘어 공감할 수 있는 이야기가 우물터에서 퐁퐁 솟아나고 이바구길 따라 흠뻑 흐르길 바란다.

- 부산 동구 수정동 일대   • psymca.or.kr

자연과 함께 음악을, 부산선셋라이브(Sunset live)

2007년 기장에 위치한 오픈스페이스배에서 시작된 '부산선셋라이브'는 2012년에 6회째를 맞았다. 1997년부터 후쿠오카에서 더러워진 바다를 깨끗이 하자라는 취지로 시작되어 진행 중인 선셋라이브를 부산으로 옮겨온 것이 이 축제의 시작이다. 부산의 공연기획자, 음향, 악기, 무대 팀이 힘을 합쳐 부산선셋라이브가 시작될 수 있었다. 부산과 후쿠오카의 선셋라이브는 'Love & Unity'를 모토로 진행되고 있다. 후쿠오카의 경우, 처음에는 고작 밴드 3팀이 주차장에서 공연하는 작은 공연이었지만, 10회를 넘기면서 서일본 최대 라이브 음악페스티벌로 성장했다. 주류와 인디의 경계 없이, 스카와 레게가 주를 이루는 페스티벌이지만, 로큰롤, 펑크록과 팝까지 다양한 음악을 접할 수 있다.

여타 다른 여름음악축제와 다른 분위기를 가진 부산선셋라이브는 음악과 함께 자연 속에서 편안한 휴식을 취할 수 있는 축제로 자리 잡았다. 기장, 영도, 양산에 이르기까지 다양한 장소에서 진행되었던 부산선셋라이브는 2012년부터 송정에 자리를 잡았다. 8월 말의 뜨거운 햇살 아래, 뒤편에는 송정해변이 그대로 드러나고 앞쪽에서는 라이브공연이 흘러 저물어가는 여름의 아쉬움을 달래기에 충분하다. 부산선셋라이브는 또한 부산에서 활동하는 많은 뮤지션들의 무대가 되며, 일본의 뮤지션들도 참여하는데 입장료도 비싸지 않아 여러 뮤지션들을 볼 수 있는 좋은 기회이다.

부산선셋라이브는 자연과 음악, 그리고 부산에 초점을 두고 있으며 대기업과 관공서의 지원 없이 만들어지는 민간 주도의 음악 축제다. 부산선셋라이브는 기획, 음향, 무대 팀, 자원봉사자 등으로 이루어진 '부산선셋크루'가 자비를 털어 축제를 만들어가고 있다. 이러한 활동이 지속되고 확장되어 후쿠오카의 선셋라이브처럼 중요한 음악축제로서의 성장하기를 기대해본다.

• 송정해수욕장 인근, 8월 말 개최   • www.busansunset.com

창조도시 부산을 꿈꾸다

청년정신의 부산비엔날레

요즈음 부산에서는 청년문화가 중요한 문화예술의 화두로 떠오르고 있는데, 이는 일시적인 유행처럼 생겨난 것이 아니다. 다양한 분야에서 항구도시 부산 특유의 진취적이고 개방적이며 저돌적인 청년성은 이전부터 존재해왔다. 지금은 현대미술의 새로운 흐름을 선보이는 대표적인 축제로 자리매김한 부산비엔날레는 이전에 개최되어 오던 부산청년비엔날레(1981년 창립)에 그 뿌리를 둔다. 안타깝게도 고인이 되신 이두식 부산비엔날레 운영위원장은 2012년 부산비엔날레 행사에 대해 한 언론사와의 인터뷰에서 다음과 같이 밝혔다.

"부산비엔날레는 지난 1981년 태동했던 '부산청년작가전'의 정신을 계승한다. 열악한 환경에서 젊은 작가들이 서로 힘을 모아 전시를 열었던 그 청년성이 우리의 정신이다. 여타 비엔날레에 비해 적은 예산(37억원)이지만 그 도전정신을 무기로 여기까지 왔다. 펄펄 뛰는 청년정신을 많은 이들이 비엔날레를 찾아 느꼈으면 한다" (헤럴드경제. 2012-09-27. 이영란 기자)

부산비엔날레의 핵심은 실험과 열정, 그리고 지역으로의 밀착에 있다고 볼 수 있다. 한국에서 거의 유일하게 자생적으로 현지 미술인들에 의해 만들어진 대형 축제인 것은 물론, 매해 선정되는 주제들도 파격적으로 꾸려져서 딱딱한 전시장을 벗어나 바다에서, 도로에서, 실제 생활공간에서 사람들과 만나고 있기 때문이다.

2012년 '배움의 정원(Garden of Learning)'은 그러한 부산비엔날레의 정신을 가장 잘 보여주는 주제였다. 로저 M. 뷔르겔 전시감독(독일)과 함께 시민과 작가 등 80명으로 배움위원회를 구성, 오픈 포럼 형태로 계속적으로 토론과 교육, 그리고 공동작업을 통해 비엔날레 전시를 만들어냈다. 그래서 언제나 그렇듯 뚜벅뚜벅 제 갈 길로 걸어온 부산비엔날레의 창조적 길이 또 기대된다.

- 부산 연제구 월드컵대로 344 아시아드경기장 38호
- www.busanbiennale.org

영화의 도시, 부산국제영화제

바다나 밀면 등을 제외하고 부산하면 가장 많이 떠올리는 것은 무엇일까? 아마 많은 사람들이 부산국제영화제를 떠올릴 것이다. 그야말로 눈에 보이지 않는 '콘텐츠'의 힘을 여실히 드러내주는 부산국제영화제는 부산문화의 가장 큰 상징으로 자리매김하였다. 이미 그 유명세만큼 많은 곳에서 소개되었지만 다시금 떠올려도 초창기 부산국제영화제는 독특한 매력과 감동이 있었다. 남포동 거리에서 그 서막이 열리던 때, 사춘기의 감성들은 마치 본능처럼 그곳으로 질주했다. 그리고 그야말로 '축제'에 휩싸였다.

그 어디에서 이런 일들을 경험할 수 있을까. 여름 해변의 파도처럼 남포동 극장가를 가득매운 사람들의 물결 속에서 이리저리 떠밀리고, 헤엄치듯 수면 위로 떠올라 배우들에게 손을 흔들고. 이내 다시 가라앉아 어딘지도 모를 곳을 향해가던 그 거리는 꿈 속 같았지만 꿈이 아니었다. 대도시의 닭장 같은 집들 속에서 서로의 삶이 어느 하나 교차되는 지점 없이 평행선을 그리며 살아가는 시대에, 시위나 집회도 아닌 문화예술의 힘으로 이루어진 대규모의 만남은 가히 신선한 충격이었다.

영화관계자들을 만나보면 부산에서 영화촬영하기가 편하다고들 한다. 촬영을 위한 통제에 행정기관들의 협조는 물론, 불편할지라도 즐거워하며 구경하는 부산 시민들 특유의 문화가 있다는 것이다. 지역성과 전혀 무관해 보이는 영화도시로의 발전이 쉽게 이루어질 수 있었던 근본적인 이유도 시민들의 거부감이 덜했기 때문이라는 말도 많다. 아마도 시민들이 그야말로 공동체가 되었던 2002년 월드컵 이전에 이미 부산에서는 '영화'를 통해서 함께 어우러지는 축제를 경험했기 때문이 아닐까.

• 부산시 해운대구 우동 1467 영화의전당 비프힐 3층　• www.biff.kr

할머니도 헤드뱅잉, 부산국제락페스티벌

2012년 13회를 맞은 부산국제락페스티벌(이하 부산락페)은 부산을 대표할만한 여름 축제 중 하나이다. 2000년 광안리해변에서 시작한 부산락페는 다대포해수욕장을 거쳐 현재는 삼락공원에서 진행되고 있다. 장소를 여러 차례 옮기면서 다양한 루머들이 있었지만, 삼락공원으로 자리를 옮기면서 부산락페는 새롭게 정비되는 계기가 되었다. '부산은 바다'라는 공식에서 벗어나, 낙동강을 끼고 있는 강변에서의 축제는 또 다른 분위기를 연출하는 데 한 몫 했다. 또 락 매니아들이 만족할만한 라인업이 갖추어지면서 점점 더 많은 사람들이 부산락페를 보기 위해 부산을 찾고 있다. 다양한 부대행사들로 가득 채워진 삼락공원에는 락매니아만이 아닌 부산시민들이 여름밤을 만끽할 수 있는 자리가 되기도 한다.

현재 진행되는 한국의 락페스티벌은 대부분 수도권을 중심으로 지역적으로 편중되어 있으며, 고가의 입장료가 책정되어 있다. 반면에 부산락페의 경우, 부산을 중심으로 주변 지역을 아우를 수 있는 유일한 여름의 락페스티벌인데다 부산시 산하 기관인 부산축제조직위원회에서 진행하기에 무료로 즐길 수 있는 것도 많은 사람들이 찾는 이유다. 물론 이로 인해 여타 축제들에 비해 자율성이 떨어진다거나, 지역 밴드의 비중이 너무 적다는 비판도 있지만, 우리나라 최초의 락 페스티발로 긴 역사를 이어나가며, 좀 더 폭 넓게 시민들과 함께할 수 있는 점은 긍정적이다. 이런 이유로 국제적인 헤비메탈 밴드의 공연이 있는 자리에 할머니가 신나게 노는 모습을 볼 수 있는 것도 부산락페만의 매력이다.

2012년 13회 부산락페에서는 자원활동가와는 별개로 청년기획단을 모집하여 축제 진행을 함께 했다. 부산문화 전체를 놓고 본다면, 젊은 문화인력이 부족한 상황에서 창조인력을 발굴하고 현장진행 경험을 가진 청년들이 많아지는 것은 좋은 일이다. 더불어 지역 인디밴드들도 더 많이 참여하는 축제가 되기를 바래본다.

- 부산 연제구 월드컵대로 344 아시아드주경기장   • www.rockfestival.co.kr

창조도시 부산을 꺠루다

부산 인디씬의 축제,
부산인디락페스티벌

현재의 '부산인디락페스티벌'(이하 인디락페)의 모태는 2000년 10월 부산시민회관에서 진행된 '제1회 인디 록 페스티벌 인 부산'이다. 부산밴드들과 부산출신밴드들이 함께 모여 진행된 이 행사에서 관객들은 부산 밴드들의 가능성을 확인할 수 있었다. 2001년에는 '부산인디락페스티벌'이라는 타이틀로 동아대 석당홀에서 진행되었다. 열이 맞추어진 좌석들과 계단식 배열 등의 딱딱한 석당홀을 한 순간에 뒤집으며 많은 관객들이 하나가 되었고, 이를 통해 부산 인디씬의 발전할 기대하게 되었다.

2003년부터는 지역의 문화기획사 록마니아를 중심으로, 음향업체, 악기대여업체등이 사비를 털어 진행해오면서 규모는 축소되었으나, 지역독립문화에 호의적인 부산 가톨릭센터 등에서 진행하면서 이어왔다. 그러나 지역에서 인디밴드의 활동들이 줄어든 것과, 재정난 등의 이유로 어느 해에는 개최하지 못하기도 했고 2009년 12월 제7회 부산 인디 락 페스티발을 끝으로 한동안은 열리지 못했다. 그러다 2012년 11월, 3년 만에 다시 뭉쳤다. 이번에도 지역 관련 업체들과 기획사가 자비를 털어 힘을 모으고, 출연팀들도 차비나 식비 정도만 받고 부산 인디씬을 위해 순수하게 무대에 올랐다.

인디락페의 가장 큰 매력은 부산에서 활동하는 거의 모든 밴드들을 한자리에서 다 볼 수 있다는 점이다. 2012년 역시 이틀간에 걸쳐 21팀이 출연하면서 지역 인디씬의 저력을 보여주었다. 이러한 인디락페를 계기로 '사단법인 부산밴드발전협의회'에 대한 논의가 본격적으로 진행되고 있다. 이를 통해서 부산 인디씬이 인디 정신을 이어가며 활발한 활동을 할 수 있기를 기대해본다.

• cafe.daum.net/busanindie

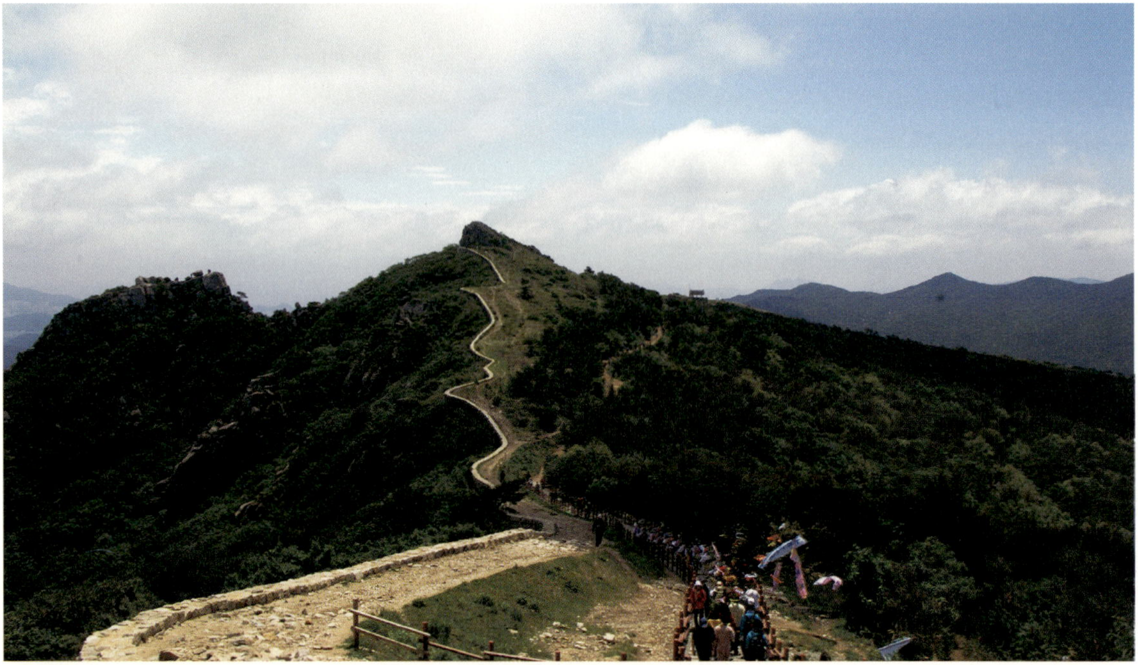

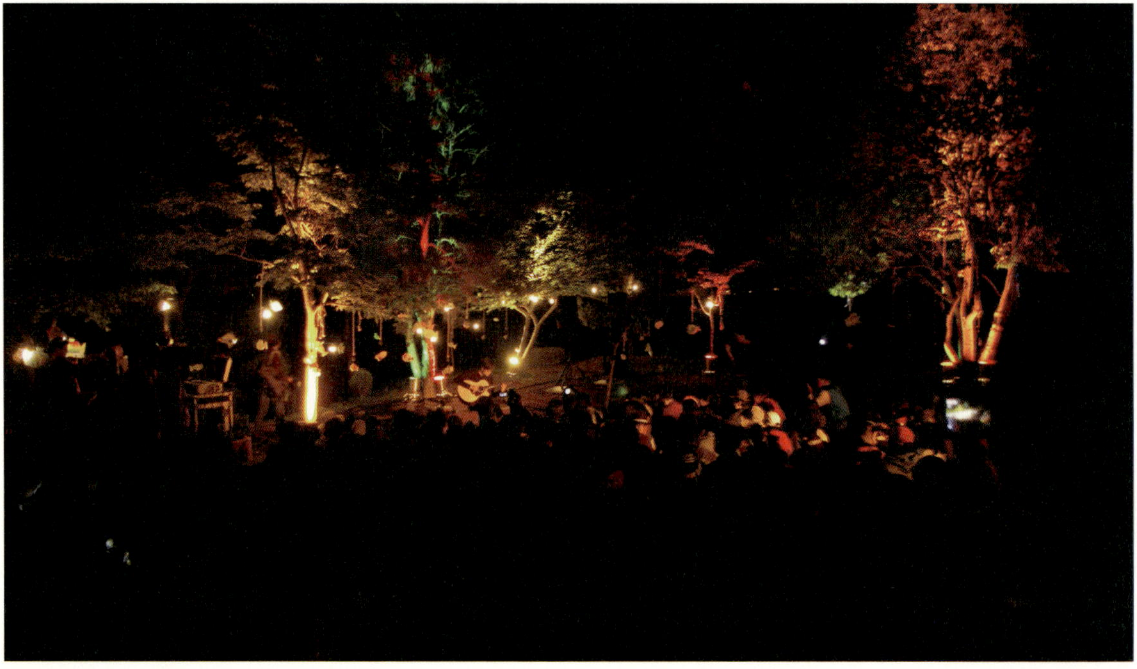

뭇 생명들과 더불어, 금정산생명문화축전

한 번씩 지역축제에 참여하다보면 관 주도의 전시성 이벤트나, 민간이 주도한다 하더라도 과도하게 상업적인 행사에 눈살을 찌푸리는 경우가 많다. 그러다보니 대체로 지역의 고유한 특징들을 제대로 살리지 못한 채 특별할 것 없이 획일적이고 형식적인 축제에 그치고 마는 경우가 많다. 또한 참여한 사람들의 면면을 살펴봐도 '동원' 되었다는 느낌이 강하게 들 정도로 시민들의 진정한 참여를 끌어내지 못하는 경우도 허다하다. 이 같은 상황에서 2004년 이후 2013년 현재 10회째를 맞이하는 '금정산생명문화축전' 은 단연 주목할 만한 지역축제라 할 수 있다.

금정산생명문화축전은 '생명' 이라는 시대적인 핵심 화두를 가지고 부산의 주산인 금정산 일원을 중심으로 펼쳐지는 행사이다. 2003년, 당시 한국 사회 전반에서 환경문제의 가장 큰 이슈로 떠올랐던 지율스님의 천성산 도롱뇽 살리기 운동과 맞물려 부산민족예술인총연합회에서 금정산, 천성산 살리기 문화연대가 만들어졌고 그로부터 축전으로 이어지게 되었다고 한다. 자연히 축제는 금정산 이라는 지역의 고유한 자원을 활용하여 인간과 자연의 상생에 목적을 두고, 생태적 삶을 지향하는 예술인들과 시민들이 함께 소통하는 축제로 발전해왔다.

주요 행사들은 금정산 북문, 고당봉, 금샘, 나비암, 동문 등에서 이루어지는데, 등산객들과 함께 산신제(산굿. SANGOOD)를 지내기도 하고, 다양한 문화예술공연팀들과 시민들이 함께 능선을 따라 가다서다(하늘걸음)를 반복하며 놀이판을 벌이기도 한다. 대표적인 프로그램은 달빛걷기 프로그램인데, 해가 진 저녁 달빛과 함께 금정산 능선을 느리게 천천히 걸으며 예술작품과 문화행사를 만나는 은은하고 감성적인 야간 산행 프로그램이다. 동양적 전통과 자연, 그리고 사람이라는 가치가 공존하는 프로그램으로 구성된 금정산생명문화축전은 도시에 꼭 필요한 축제이자 개성 있고 자발적인 축제이다.

- cafe.daum.net/ecosangood

별난 부산 사람들의
별난 사직구장 야구응원

문화를 형성한다는 것은 특정한 계층이나 지역 등 일정한 사회 내의 사람들이 그들만이 지닌 원칙이나 행위를 관습화하는 것을 의미한다. 청년문화, 토론문화, 사이버문화 등의 용어가 그러하다. 특히 2002년 월드컵에서 붉은 색 옷을 맞춰 입은 인파들이 우승을 기원하며 거리로 몰려나왔고 이내 '거리응원문화'로 불리게 되었다. 이와 같은 거리응원문화는 공동체의 응집된 모습을 보여줌과 더불어, 일상에 함몰된 사람들의 스트레스를 해소하는 분출구의 기능을 하였다.

응원문화 중에 부산에서만 유별난 것이 있으니, 그것이 바로 야구응원 문화이다. 부산경남 지역의 사람들은 야구에 대한 애정이 각별하다. 남녀를 가리지 않고 부산지역 야구단인 롯데 자이언츠에 대한 관심을 가지고 있다. 야구가 시작되는 3월 말부터 사직구장은 야구 일정이 잡혔다 하면 인파로 넘실거린다. 야구장의 수용인원인 이만팔천 명의 좌석이 매진되는 일도 부지기수다. 특히 좋은 좌석인 1루 쪽 자리를 얻으려고 전날 밤부터 야구장 앞에서 밤샘 줄서기를 하는 모습이 목격되기도 한다. 1루 쪽은 응원이 가장 활발한 자리이다. 응원단장과 치어리더들의 리드 하에 1루 쪽에서 시작되는 거대한 야구 함성은, 구장을 가득 메운 사람들의 물결로 번져나간다.

선수별로 다른 응원가를 모두 꿰고 있는 사람들도 대단하지만, 적당한 타이밍마다 튀어나오는 신문지 응원부터 비닐봉지 응원까지 방법도 기발하다. 8회 말쯤 사람들에게 나누어주는 주황색 비닐봉지에 바람을 불어넣어 머리 위에 뒤집어쓰는 모습을 보면 우습기도 하다. 멀리서 보면 유치해보이거나 광신도처럼 보일 수 있는 그런 행동들이 사직구장 안에서는 응원이자 재미있는 일탈이 된다. 응원이 끝나면 이 비닐봉지는 가져온 쓰레기를 담아 치우는 용도로 쓰인다. 게다가 상대 투수가 견제구를 던질 때면 튀어나오는 "마!"라는 함성 또한 격렬하다.

아마 부산에서는 야구가 아니라 응원이 재미있어서 야구장을 찾는 사람들이 한둘이 아닐 것이다. 롯데 야구가 최하위권 성적을 기록해서 롯데 팬들조차 자조적으로 말하던 때에도 응원 열기는 그대로였다. 로이스터 감독 이후로 롯데가 가을야구라고 불리는 포스트시즌에 들어서면서 그 열기가 더욱 살아났다. 롯데 최대의 재산은 부산 관중들이라는 말이 돌 만큼 부산의 야구응원문화는 축제의 성격을 지니고 있다. 이 축제 속에서 처음 만난 사람들이 서로 어깨동무도 하고, 파도타기도 하면서 응원을 즐긴다. 부산 사람들의 열정적인 모습을 만나고 싶다면, 야구 시즌에 사직구장을 가 보라. 여름보다 뜨거운 함성이 이곳에 있으니.

지역문화에 신명을,
남산놀이마당

   2012년 6월 광안리해수욕장에서 이틀 동안 '거리 축제&부산'이 펼쳐졌다. 퓨전국악그룹, 전통춤패, 힙합 춤 등 다양한 단체들이 품앗이 공연으로 참여한 이 행사는 남산놀이마당 20주년을 기념하는 특별 공연이자 축제였다. 보통 다른 축제의 서막을 알리거나 부분으로 결합하게 되는 풍물이 이 이틀 동안은 축제의 중심이었다. 품앗이 공연 외에도 병신춤 플래쉬 몹과 체험행사, 퍼레이드로 시민들이 즐길 수 있는 거리를 준비했고 무엇보다 남산놀이마당의 기획공연과 굿으로 사람들의 신명을 울리며 함께 어우러졌다.

   1992년 다섯 명의 청년이 전통을 지키고 세상에 신명을 더해보고자 뭉쳐 금정구 남산동에 터를 잡으며 '남산놀이마당'이라 이름을 붙였다. 단원 전체가 중요 전통 무형문화재의 이수자이거나 전수자로 구성되어 있으며 11명 안팎의 단원들이 함께 하고 있다. 20년이 넘는 기간 동안 남산놀이마당은 선배에서 후배로 이어지면서 지금에 이르고 있는데 20년이 넘는 역사를 지닌 곳은 전국에서도 손에 꼽을

정도라고 한다.

　해마다 지역사회에서 진행되고 있는 다양한 축제나 행사에 힘을 보태거나, 조선통신사축제 등 대형축제에 결합하거나 기획공연을 하는 등 연간 몇 백 차례의 크고 작은 공연들이 이뤄진다. 그러나 문화적인 혜택을 받기 어려운 곳에 찾아가거나 취지에 공감해 무료로 공연을 하는 경우가 잦아 단원들은 생활고를 겪어야 했다. 20년의 노하우가 쌓였음에도 풍물이라는 것 자체를 하나의 전문공연으로 인식하지 않는 경우가 많아서 더 어려웠다. 오히려 외국 초청공연에서는 기립박수를 받을 정도로 호응이 크다고 한다.

　다행히 그 동안의 활동과 역량을 인정받아 2010년 예비사회적기업으로 선정돼 조금은 사정이 나아졌다. 또 전통을 이어가면서도, 힙합과 락 장르와의 협업으로 공연을 하고 2011년에는 타악 포퍼먼스 "타퍼"를 결성했다. 빠른 리듬에 익숙한 대중들에게 다가가기 위한 자구적 노력으로 자체 퍼포먼스 공연을 만들어 공연하고 다듬어 가고 있다. 지역 곳곳의 문화현장에 흥을 더해왔고, 또 전통을 창조적으로 변형하면서 저변확대에 애쓰고 있는 남산놀이마당의 신명을 지역민이 먼저 느꼈으면 하는 바람이다.

●ipoongmul.cyworld.com

창조도시 부산을 깨우다

욕구를 세련화하는
GUNBONG PARK

　부산진경찰서 앞 건물 2층에 낮에는 조용하고 밤이면 시끄러운 이상한 공간이 있다. 이곳은 클럽도 아닌데 가끔 음악을 즐기고 교류하는 파티가 열린다. DJ 김프로와 그의 친구 가야캉골이 그들이 작업한 음악을 공유하면서 사람들과 어우러지는 파티를 만든 것이다. DJ하면 머리 빗어 넘기며 말랑말랑하면서도 마초적인 멘트를 날리는 음악다방의 DJ나 부비부비하는 클럽에서 배경 음악이나 틀어주는 사람들이 주로 연상될 것이다. 하지만 이 공간을 만들고 운영하는 김프로는 다양한 음악을 찾아 믹스하면서 새로운 음악을 창조해내고 플레이하는 연주자다.

　DJ라고 하는 문화에 대해 아직 잘 모르는 사람들에게는 단순히 음악을 선별해 틀어주는 사람으로 인식될 수 있지만 플레이어인 김프로의 고민을 알게 되면 그것이 하나의 장르이자 예술 행위라는 것을 알 수 있다. 끊임없이 음악 소스를 찾고, 어떤 작업을 추가할 것인지, 현장에서는 어떤 기술과 제스처를 구현할 것인지를 탐구하고 준비한다. 이처럼 자신의 음악 작업과 관객과의 소통을 고민하고, 자신만의 독특한 음악 스타일을 구현해가는 DJ 또한 예술가인 것이다.

　김프로는 10대에 힙합 댄서였던 그의 친구 가야캉골을 만난다. 가야캉골은 주로 실크스크린 작업 등을 통하여 다양하고 독특한 디자인의 티셔츠, 타월, 스케이트보드 등 힙합 소품을 디자인하고 제작하는 힙합 디자이너다. 이 둘은 지속적으로 관심사를 공유하면서 함께 할 수 있는 일을 구상하면서 'GUNBONG' 이라는 브랜드를 창조하고, 스튜디오 공간을 만드는 것으로 이어졌다. 2012년 서면에 둥지를 튼 GUNBONG PARK 에서는 '욕구의 세련화' 라는 DJ플레이를 중심으로 음악을 감상하고 교류할 수 있는 이벤트를 정기적으로 열고 있다. 이와 함께 이들은 지역의 클럽이나 문화행사 등지에서 '어쩌다 마주친 뮤직', 'SOUND BOMBIN' 등 독특한 특징들을 담은 음악파티를 지속적으로 열면서 디제잉이라는 것이 하나의 예술이자 문화의 장르로 인식될 수 있는 자리로 가꾸어 오고 있다. 이처럼 김프로와 가야캉골은 지역에서 힙합 음악으로 청년들의 교류를 촉진하는 매개자이자, 활력을 불어 넣는 감초같은 역할을 하고 있다.

● www.gunbong.com

행복마을만들기의 매개자, 마을만들기코디네이터 협의회

　기존의 재개발, 재건축을 넘어 지역의 특성과 주민들의 요구를 고려한 도시 재생 사업이 진행되고 있다. 부산시의 '행복마을 만들기' 사업이 바로 그것. 이 사업은 마을단위의 주민공동체 복원을 통해 주민주도로 마을의 문제를 고민하고 해결하며, 마을의 장소성을 발견·보존하며, 재창조하여 안정된 주거지로 정착되게 함을 목적으로 하고 있다. 2010년 시작된 이 사업은 1기 마을(2010년~2012년 선정) 22개소와 2기 마을(2013년 선정) 8개소로 현재 총 30개 마을에 걸쳐 진행되고 있으며, 마을마다 15명 가량의 마을 주민과 코디네이터, 전문가 등으로 구성된 '행복마을 추진협의회'를 중심으로 진행되고 있다.

　행복마을만들기 사업의 대부분은 '주민주도형'으로 진행된다. 그만큼 주민들의 관심과 참여가 중요하다. 이러한 것을 이끌어 내고, 사업 전반에 걸쳐 주민들과 가장 가까이에서 항상 함께하는 사람들이 있다. 바로 '마을코디네이터'들이다. 이들은 부산시와 지역민들의 중간 매개 역할을 하며, 주민들의 욕구와 바람을 시에 전달한다. 또한 기존의 사업의 진행 뿐 아니라, 사업이 지속성을 가질 수 있도록 돕고 새로운 사업을 제안하여 사업에 활기를 북돋는다. 보통 1인 2개~4개 마을을 담당하고 있는데, 일의 특성상 사무실보다는 주로 현장에 있다. 마을마다 차이가 있지만, 대부분이 낙후된 지역에다 주민들의 연령대가 높아 사업 진행 초기에는 주민들을 설득하는데 많은 어려움을 겪는다고 한다. 하지만 사업이 진행 될수록 처음에는 냉소적이고 회의적이었던 주민들도 함께 모여 의논하고 결정하는 과정 속에서 마음을 열고, 다양한 활동들을 통해 점점 활력을 찾아가는 모습을 볼 때 자부심을 느낀다고 한다. 그들은 끊임없이 지역주민들과 이야기하고 소통하고 그들의 이야기에 귀를 기울인다. 이를 바탕으로 지역민들과 함께 마을을 지키고, 가꾸며 '살고 싶은 마을', '활기찬 마을'로 만들어 가고 있다.

　마을코디네이터들은 자발적으로 네트워크 모임도 결성하기에 이른다. 이 모임은 2010년 행복마을만들기 사업을 계기로 매월 한차례씩 초량의 한 마을기업에서 진행되고 있으며, 여기에는 마을코디네이터 뿐 아니라 복지, 건축, 문화, 시민운동 등 다양한 분야에서 활동을 하고 있는 사람 30여명이 모여 있다. 그들은 여기서 정서적 교감과 함께 정보와 아이디어, 노하우 등을 공유한다. 주제를 정해 발표를 하기도 하고, 수다를 떨기도 한다. 이들은 이러한 네트워크 모임을 통해 다양한 사고를 하고, 사업들을 구상하면서, 더 활기차고 재미난 행복마을 만들기의 활동으로 이어가고 있다.

다음 세대를 위한, 100만평 문화공원조성 운동

점점 더 현대 대도시에서 살아가는 개인들은 외로운 존재가 되어가고 있다. 경제적 이해타산이 지배하는 생활 속에서 서로의 마음을 여는 것은 결코 쉬운 아니기 때문이다. 그런 면에서 사람과 사람이 마주치고, 함께 걷고 이야기를 나눌 수 있는 공원은 단순히 편의시설이 아닌, 필수시설로 자리잡고 있다.

"지금 이곳에 공원을 만들지 않는다면, 100년 후 뉴욕은 이 넓이의 정신병원이 필요할 것입니다." 150여년 전 뉴욕에서 공원건설의 캠페인이 시작되며 정부와 시민을 설득했던 주장이다. 그리고 뉴욕의 도심부이자, 금융산업의 중심지. 세계적 명소가 집중되어 초고층 건물들이 모여있는 맨해튼의 중심에 세계 최대의 도시공원, 뉴욕센트럴 파크(Central Park)는 탄생되었다. 바로 이 센트럴파크를 꿈꾸며 100만평 문화공원조성운동이 시작되었다.

공원이 있는 도시, 문화가 있는 도시, 꿈이 있는 도시를 바라며 시작한 100만평 문화공원조성운동은 관 주도가 아닌 시민의 힘에 기반을 둔 아래로부터 추진된 시민운동이다. 2001년 이 운동이 제안된 이래 여러 차례 개최된 포럼과 노력으로 조성운동의 방향이 자리잡기 시작하였으며 100만평문화공원조성범시민협의회가 출범하기에 이른다. 그리고 2010년 시작된 100만평 서명운동은 2년 5개월 만에 100만 명 서명을 돌파하면서, 허울 좋은 허황된 꿈이 아닌 시민들의 진정한 바람임이 증명되고 있다.

시민들 스스로가 앞장서서 포럼을 개최하고, 서명운동을 시작하고, 기금을 모아 땅을 매입하여 부산시에 기부하는 것은 단순히 쾌적하고 아름다운 공원만을 위함은 아니다. 현재 조성지로 꼽히고 있는 둔치도의 훼손과 난개발을 방지하고, 녹색성장과 아울러 지방균형발전을 유도하여, 우리의 다음세대가 마음껏 뛰어놀며 문화를 향유하는 생태도시 부산을 꿈꾸는 것이다. '다음 세대를 위한 아름다운 기부', 100만평 문화공원조성운동의 결실이 곧 부산의 미래를 위한 밑거름이 될 것이다.

• www.100man.kr

부산문화재단
BUSAN CULTURAL FOUNDATION

창조도시 부산을 꿈꾸다

문화예술의 지방분권을 주도하는 부산문화재단

2009년 1월 문화예술을 통해 부산시민의 삶을 풍요롭게 하고 부산을 창의와 품격을 갖춘 문화도시로 변화시킨다는 취지로 설립된 부산문화재단은, 한국문화예술위원회와 부산시로부터 상당 부분 출연된 재원을 바탕으로 '문화창작활동 지원', '기초예술 진흥', '문화예술 창작기반 구축', '네트워크 및 국제문화교류 구축', '문화예술 향유기회와 교육의 확대' 등의 사업으로 부산문화예술의 발전을 뒷받침하고 있다. 또한 2011년 부산문화비전 2020 선언을 통하여 '일상에 스미는 문화의 새 물결, 상상력 넘치는 해양문화도시'를 비전과 핵심가치로 설정하여 지역 문화예술인들 및 유관기관과 함께 부산의 문화지형을 더 나은 방향으로 바꿔나가는데 총력을 기울이고 있다. 최근 2~3년 사이에 부산문화예술의 발전을 뒷받침 하는 가장 큰 힘이 부산문화재단이라는 것은 누구도 부정할 수 없을 것이다.

부산문화재단의 설립을 중심으로 발 빠르게 지역의 문화지형이 변화되는 현상은 단순히 문화예술관련 재원의 효율적이고 전문적인 분배만을 의미하지는 않는다. 또한 이러한 현상이 부산만의 독특한 것도 아니다. 최근 2~3년간 광역자치단체 뿐만 아니라 기초자치단체에서 문화재단들은 봇물처럼 설립되고 있는데, 이는 우리나라의 문화정책이 민간주도로 나아가고 있으며, 지역분권이 점점 더 강화되고 있는 큰 흐름 속에서 이해해볼 수 있는 현상이다. 고유한 지역의 특성을 살리고, 문화예술이 가지고 있는 자율성과 전문성을 존중해야 문화뿐만 아니라 지역 자체도 창조적으로 발전 가능하다는 주장이 점점 더 설득력을 얻고 있는 것이다. 이점에서 부산문화재단은 다양한 예술인들과 전문가들로부터 의견을 수렴하고, 주요 사업들의 심사와 추진 등의 핵심적인 사항을 배분함으로서 지역사회에서 꽤 긍정적인 평가를 받고 있다.

하지만 앞으로 부산문화재단이 넘어가야할 현실은 만만치 않다. 한국의 제2도시라 불렸으나 한동안 침체기에 놓여있던 부산이 새롭게 변화되는 상황에서 다양한 문화정책들이 필요하기 때문이다. 부산신항을 중심으로 하는 국제적 도시문화 창출, 부산의 역사와 정체성을 지니고 있는 지역들의 문화적 재생, 계층별, 세대별, 장르별 문화예술 활동의 지원과 발굴 등 무엇 하나 만만치 않은 정책 과제들에 직면해 있다. 부산문화재단은 물론, 지역문화예술계와 유관기관들이 관심과 애정을 가지고 함께 이러한 과제들을 해결해나간다면 더 나은 부산의 문화지형이 창출될 수 있을 것이다.

• 부산 해운대구 우2동 1475   • www.bscf.or.kr

People

창조도시, 부산을 깨우다
: 99가지로 만나는 부산의 재미

엘 올리브 고성호

디자인과 건축, 요리가 합쳐진다면? 크리에이티브 디렉터(Creative Director) 고성호 대표가 세상에 내놓은 '작품'들을 보면 궁금증은 풀리고 흥미로움은 배가 된다. 건축설계사인 그는 부산이 어느 순간 무분별한 개발로 인해 건물로 둘러싸이고, 지역의 문화와 특성, 가치가 사라져 가는 것을 보고 위기감을 느꼈다. 더 이상 방치하면 안 되겠다는 생각에 수영강변을 중심으로 땅을 샀고, 9년 전 '엘 올리브'라는 이탈리아 레스토랑을 열었다. 지중해의 와인창고와 유럽풍의 온실을 옮겨 놓은 것 같은 이 레스토랑은 음식점의 조건인 맛과 분위기만 충족시키는 게 아니다. 지붕은 녹여서 재사용할 수 있는 알루미늄 재질이고, 벽돌도 재활용 한 것이다. 실내 장식도 병, 플라스틱 등 재활용품을 활용하였다. 이른바 친환경적 자재들을 이용하여 자연과의 조화를 강조한 것이다. 또한 레스토랑을 중심으로 잘 가꾸어진 정원-마당-을 두어 이웃 주민들과 공유한다. 이른바 '공간복지'로 함께 나눌 수 있는 공간을 나누며 공간의 의미와 역할을 재해석하고, 이웃과 함께 공유하는 것이다.

엘 올리브의 메뉴들은 '부산 음식은 무엇일까'라는 질문에 대한 그야말로 맛있는 대답이자 음식과 지역성이 결합한 음식문화의 예시이다. 또한 부산을 중심으로 반경 200km 이내에서 온 로컬푸드를 식재료로 사용함으로써 음식의 맛과 신선함은 물론이고 사회적 책임을 함께 고민하고 있다. 지역의 생산자에게 지속가능한 삶의 기반을 만들어 주는 것이다. '가장 위대한 일이 농사를 짓는 것이다'고 말하는 그는 앞으로도 생산자, 농민과의 유기적인 네트워크를 통해 도시농업을 활성화 시키고자 한다. 엘 올리브는 먹는 재미, 보는 재미, 나아가 사회적 책임에 가치를 두고 그것에 공감할 재미까지 오롯이 담겨진 레스토랑이다.

고성호 대표는 이미 건축 인테리어 전문가로 명성이 높았다. 영국에서 건축 인테리어 디자인을 공부한 후 ㈜이인을 부산에 설립했고 한국 최고의 펜트하우스를 잇달아 설계했다. 도시란 함께 살아가야 하는 공간이기에 '공유'의 가치를 강조하는 고 대표는 자연친화적이고 지역 생산적인 문화를 만들기 위해 전방위적으로 활동하고 있다. ㈜이인의 사무공간인 '크리에이티브 센터' 또한 고 대표의 도시와 창조에 관한 생각을 특히 잘 보여주고 있다. 전통가옥 형태를 현대건물에 접목하여 부산에서 처음으로 한국실내건축가협회(KOSID)의 황금스케일상을 수상한 '크리에이티브 센터'는 사무공간, 아트홀, 박물관이 있으며 최근에는 '엘 올리브 가든'이 자리를 잡았다. 음식과 건축의 창조적인 결합을 성공적으로 이끌어낸 고 대표의 다음 프로젝트는 무엇일까. 고 대표의 C 프로젝트 - Creation, Culture, Center-가 향후 보여줄 '작품'이 기다려진다.

• www.elolive.co.kr

문화와 복지의 매개자, 고윤정

아직도 많은 사람들에게 교육복지사라는 말은 낯설게 다가올 것이다. 2003년 교육복지투자우선지역지원사업을 통해 서울과 부산에서 시범운영이 이루어졌고 2011년 교육복지우선지원사업으로 이름을 바꿔 부산만 해도 100개가 넘는 학교에 교육복지사가 배치되었다. 이들의 주요한 역할은 가정방문과 상담 등을 통해 학생들의 생활 변화에 대해 사례관리를 하고, 멘토링 등의 프로그램을 통해 교육불평등을 해소하면서 학생들이 전인적 인간으로 성장해갈 수 있도록 돕는 것이다. 특이한 것은 교육복지사업에 지역공동체와 함께 고민하거나 민관학의 협력을 통해 환경을 조성하는 것이 포함되었다는 점이다. 그 중에서도 해운대구 반송에서 있었던 '희망의사다리운동'은 학교, 지역공동체, 구나 교육청이 협력해 저소득층이나 취약계층의 교육복지안전망을 구축한 모범사례가 되었다.

희망의사다리운동의 조정자로서 우수사례로 이끈 사람은 교육복지 1세대인 고윤정이다. 현재 그녀는 10년간의 교육복지사 생활을 끝내고 문화영역으로 옮겨가 문화와 함께 복지를 고민하고 있다. 2012년 문화체육관광부에서 시범 실시한 '문화복지전문인력' 사업에서 경제적인 지원 위주의 복지가 아니라 문화 소외를 염두에 둔 복지를 위한 전문인력 양성과 배치의 실무담당자로 시범사업을 성공적으로 이끌었다. 뿐만 아니라 문화체육관광부의 신규사업이었던 '무지개다리(이주민 관련 문화다양성사업)'에서 부산의 다양한 이주민단체·문화단체들과 함께 이주민 동아리 지원, 예술 창작 인큐베이팅, 에스닉 마켓, 이주민 축제, 출판 사업 등 내실 있는 문화다양성 사업을 이끌어낸 바 있다.

이처럼 고윤정은 복지에 대한 전문가로 시작해 지금은 문화분야의 전문가로서 문화와 복지를 매개할 수 있는 부산의 몇 안 되는 중요한 인재다. 뿐만 아니라 희망의사다리운동에서 보이듯이 복지를 한정된 예산을 배분하고 지원하는 것을 넘어 지역공동체와 관, 나아가 기업을 오가며 공동의 아젠다를 도출하고 실행하는 프로젝트 조정자이자 네트워커로서의 자질도 갖추고 있다. 전국 대학생 기자 연합의 회장을 지낸 경력에 맞게 글 솜씨와 말솜씨까지 갖춘 팔방미인이기도 하다.

10년간 지역활동과 교육복지사 활동을 통해 구축된 네트워크에 문화전문가로 발돋음하면서 맺어가는 문화·예술 단체들과의 네트워크가 더해지면 지역재생, 복지 영역, 문화 예술 영역을 넘나들면서 활약할 것으로 기대된다.

그래피티 작가, 구헌주

영화나 TV의 영향 때문인지, 예술하는 사람들을 뭔가 특이하거나 괴팍한 성격을 가진 사람들로 바라보는 경우가 많다. 그러나 한국의 그래피티에서도 몇 손가락 안에 꼽히는 구헌주 작가는 정말 어디서든 마주칠 수 있는 평범한 친구 같다. 스마트폰 게임에 빠져있는 모습은 영락없이 중학생 같고, 힙합음악을 즐기며 그가 추는 댄스를 보고 있노라면 오랜 동네 친구 같다. 그러다 정치, 사회의 부조리한 모습들에 쓴소리 아끼지 않는 열혈청년이기도 하고, 거하게 술에 취하면 노래방에서 마이크를 놓지 않는 천진난만함까지 지녔다. 그리고 바로 이러한 인간적인 냄새들이 구헌주 작가가 지닌 가장 큰 힘이다.

예컨대 구헌주 작가의 작품에 대해 많은 사람들은 작품 스타일은 물론 지역의 이야기가 담겨있는 내러티브 측면까지 모두 호평한다. 간단히 인터넷을 서치하면 찾아볼 수 있는 야마카시하는 청년, 선동렬과 장미란, 시위하는 청년들, 용산참사, 빈티지룩, 돋보기를 든 아이의 모습 등등 비판적인 사회의식에 뿌리를 둔 작업들 속에는 언제나 사람과 지역의 숨결이 느껴진다. 아마도 사람들과 함께 어울리는 삶 속에서 작품이 비롯되기 때문일 것이다. 그는 언제나 평범한 사람들 속으로 깊이 들어와서 함께 어울리며, 그들의 이야기에 귀를 기울인다. 그리고 그 속에서 예민한 감각과 냉철한 시선들로 사람들의 삶의 모습을 포착해낸다.

한 때 부산 온천천은 그래피티의 성지라고 불릴 정도로 자유롭고 분방한 예술작업들이 이루어졌으나 관련 공공기관에서는 '낙서' 정도로 인식하고 철거를 단행하여 지금은 그 흔적조차 찾을 수 없다. 그러다 이제야 그것이 창조적인 자원임을 인식하고 다시 살려보려 하지만 아직도 지역사회에서 그래피티에 대한 인식은 나아지고 있지 않다. 상업벽화로 전락하거나, 작품으로 생각하다기 보다는 이벤트로 치부하는 일들도 허다하다. 이와 같은 악조건 속에서도 구헌주 작가는 묵묵히 부산에서 활동하며 자신만의 스타일을 만들어가고 있다. 거리의 예술로 사람들과 소통해가는 다음 이야기가 기대된다.

김건우와 제로페스티벌

김건우 현 대안문화공간 아지트 대표는 스스로를 ACTIVIST(활동가 혹은 운동가)로 규정한다. 문화를 통해 세상에 소리치는 것이 그의 역할이라는 의미이다. 이러한 그의 활동은 2003년에 시작되었다. 그 해 부산대학교 총학생회 문화국 활동을 시작한 그는, 학생회활동을 하던 중 〈대안문화행동 재미난복수〉를 여러 동료들과 함께 만들게 된다. 2003년 8월 부산대학교 앞 대학로에서의 첫 행사를 시작으로, 대안문화공간 아지트가 만들어지는 2008년까지 40여회의 공연, 축제를 부산대학교 앞 대학로, 온천천 등지에서 진행했다. 또한 다양한 연대행사들에 참여하면서 사회문제에 대한 다양한 목소리에 힘을 보태었다. 대표적으로는 APEC반대, 신자유주의 반대, 성매매특별법 관련, 세계반전의 날, 기타노동자를 위한 콜트콜텍문화제, 반핵문화제 등이 있다. 이러한 사회문제에 대한 지속적인 목소리를 내는 한편, 지역예술가들의 창작과 발표와 관련된 다양한 행사들도 진행하면서 부산의 대표적인 청년문화단체 그리고 청년문화기획자가 되었다.

김건우 대표는 주류문화에 대한 대항으로서의 서브컬쳐가 자신의 영역임을 분명히 하고 있다. 이러한 정체성을 가장 잘 드러내는 것이 2011년 진행했던 독립예술제 '선인장' 과 2012년 ZERO Festival이다. 독립예술제 선인장은 장전동에 위치한 문화공간 10곳, 그리고 부산대학교 대학로에서 공연, 전시, 포럼, 영화상영을 3일간 진행하였고, ZERO Festival은 부산대학교 대학로, 온천천, 장전동의 문화공간 8곳에서 3일간 진행한 축제였다. 부산지역의 다양한 음악, 영화, 미술작품들을 만날 수 있을 뿐만 아니라, 그동안의 활동으로 만들어진 전국 그리고 해외의 네트워크가 총결합되어 서브컬처의 진수를 보여주었다. 그리고 올해에는 2회 ZERO Festival이 9월에 열릴 예정이다.

문화예술이 점점 대중의 생활로 밀착해 들어가고 있다. 그것은 알 수 없는 불안감과 외로움 등 현대 사회의 정서적 문제점과 아울러 사회의 복지적 측면에서 문화예술이 가진 힘이 점점 중요하게 여겨지고 있기 때문이다. 김건우 대표는 사회문제에 대한 지속적인 관심을 바탕으로 문화로 풀어내는 서브컬처의 역할을 강조한다. 서브컬처와 같은 문화적 다양성이 지켜질 수 있을 때 지역의 삶과 환경들도 다채롭고 풍부해 질 수 있을 것이다.

• www.agit.or.kr

한국도시 부산을 깨부다

소외되고 방치된 낡은 것들로부터 힘을 발견하는 김경화 작가

작가 김경화는 예술이 그림, 조각, 혹은 글이나 악보처럼 특정형태의 작품으로만 존재하는 것은 아니다 라고 말한다. 실제 우리들이 살아가는 삶의 영역에 다양한 형태로 예술가가 개입하고, 작업이 이루어져야 한다는 것이다. 그래서 김경화 작가는 본인 스스로 작품 활동은 물론 시민들을 대상으로 미술에 대한 교육 강좌를 열고, 노숙인 문학잡지 〈낯선아침〉의 편집위원이기도 하며, 비판적인 담론을 생산해내는 〈팀미실〉 모임에서 활발히 활동하는 등 다양한 방식으로 시민들과 만나고 있다.

어떤 측면에서는 예술가가 다양한 활동을 하는 것일 뿐 작업으로 보기는 어렵지 않느냐고 반문할 수 있을 것 같다. 그러나 김경화 작가의 서로 다른 활동들은 하나의 일관된 주제의식을 가지면서 무형의 예술 작업으로 이어지고 있다. 도시의 일상 속에서 방치되거나 소외된 것, 무심코 지나치던 것들에 대한 질문. 그것이 바로 현재 김경화 작가의 문제의식이다. 작가가 폐기된 콘크리트 부스러기나 시멘트 덩어리로 표현해 왔던 비둘기와 길고양이들의 존재는 거리에서 우리가 마주치고 부딪히는 노숙인들, 땅을 뒤엎고 건축물을 세우는 과정에서 파괴되는 뭇 생명들과 이어진다. 인간들과 같이 분명히 도시에서 함께 살아가고 있지만, 단지 눈에 보이지 않는 다는 이유로 아예 없는 것으로 여기는 존재에 대한 관심이다. 조각, 교육, 비평 등 다양한 방식을 통하여 침묵을 강요당하고 있는 존재들에 대한 교량역할이 김경화 작가의 작품인 셈이다.

경성대에서 입체조형을 전공 후 서울대 조소과 대학원을 졸업한 김경화 작가는 2008년부터 부산에서 활동을 시작, 현재는 원도심 창작공간 또따또가에서 입주작가로 활동하고 있다. 1기 입주작가로 오래전부터 원도심 창작공간 일대를 중심으로 문화예술을 통한 생활문화공동체를 꿈꾼다는 그녀는 공공의 가치를 생산하는 예술가들에 대해 사회보장이 전무하고 열악한 상황이지만 '시대를 의심하기보다 시대를 읽어야 하며, 시대와 함께 걸어가야 한다.'고 말한다. 생활과 예술을 분리하지 않고, 우리가 살아가는 터전에 대한 시선을 놓지 않는 그녀가 우리에게 보여줄 도시의 잊혀진 모습들이 기다려진다.

창조도시 부산을 꺼루다

락매니아 김성남과 부산밴드발전협의회

" ... 부산밴드발전협의회는 우리 사회에서 라이브음악문화가 건강하게 발전해 밴드음악이 시민들의 자유로운 음악 향유를 보장하고 문화산업으로서 자기 영역을 확대 심화할 수 있게 하는데 앞장서고자 한다. ... 문화의 발전은 문화 현장에 있는 주체들의 자발적인 연대와 참여를 통한 활동이 중심이 되지 않으면 이룰 수 없다. 부산밴드발전협의회는 그러한 연대와 활동의 중심에 서서 부산 밴드음악의 발전을 위해서 나서고자 한다. ... " 2013. 3. 부산밴드발전협의회 설립취지문 中

한국 락의 역사에 대해 말할 때 부산을 빼놓고는 풀어나갈 수 없다. 80년대 부산은 인천과 더불어 메탈의 성지라 불렸던 곳이다. 그러나 거의 모든 것이 서울로 집중화되는 한국의 근대화 과정 속에서 음악 또한 예외는 아니었다. 많은 밴드들이 서울로 가면서 지역의 밴드들은 그 세가 줄었고, 당연히 지역 음악씬도 위축되고 점점 열악해질 수밖에 없었다. 락매니아의 김성남 실장은 바로 이러한 역사를 함께 하면서도 굳건히 지역에서 밴드들의 응원해오고, 그들의 공연을 만들어 온 부산 락의 지킴이다. 2000년대 초반부터 부산에서 활동을 해온 김성남 실장은 부산음악 역사 속에서 보석처럼 빛나는 음악과 뮤지션들에 대한 지원과 함께, 지속적으로 부산인디락페스티발을 열어온 장본인이다. 여기에 더해 최근에는 '부산밴드발전협의회' 를 구성하면서 지역 음악인들의 활동여건 신장과 공연문화의 발전을 꾀하고 있다.

부산밴드발전협의회는 "락의 정신적 기조를 청년정신으로 설정하고 부산 언더문화가 진취성, 진보성, 개혁성, 모험성, 독립성 등으로 상징되는 청년정신을 통해 다양성과 건강미를 견지할 수 있도록 음악계 종사자 및 매니아들 스스로가 방법을 찾고 노력하자는 취지"로 시작되었다고 한다. 부산에서 활동하는 많은 밴드들의 참여는 물론, 음향·조명 등의 하드웨어업체, 공연장 관계자 그리고 락 매니아들에 이르기까지 다양한 이들이 함께 부산밴드발전협의회를 만들어가고 있다. 김성남 실장, 그리고 부산밴드발전협의회가 부산 음악의 문화적이고 예술적인 가치를 한층 더 끌어올릴 것임을 믿어 의심치 않는다.

• ksn488.tistory.com

대안공간 비움과
김성헌 대표

이미지가 범람하는 디지털 시대에 문화는 웹상에 떠도는 정보가 되고, 상품이 되고 기호가 되어 우리의 일상을 지배하게 되었다. 잠시 스쳐 보내는 풍경처럼 소비될 수 있는 획일화된 기호들이 어지러이 뒤엉키며 덧없이 빛나는 가운데 이 시대의 문화는 공장에서, 연예기획사에서, 방송매체에서 생산되는 공산품이 되었다.

하지만 그런 가운데서도 문화의 다양성과 창의성, 진정성을 지키고 이어나가며 새로운 가능성, 새로운 대안을 탐색하고 있는 곳들이 있다. 문화공간 비움 역시 그런 문화공간들 중 하나이다. 2006년 부산대학교 인근 건물 2층에 자리 잡은 이래 이곳에서는 정기적인 문화 포럼과 인문학 연구, 미술 전시회 개최, 영화 상영, 전통 회화 작업과 사진 연구 등 다방면에 걸친 문화 활동을 해왔다. 지금도 대안포럼, 부산미학연구회, 영화예술포럼 Flux 등 다양한 모임이 이루어지고 있다.

이처럼 분야와 계층, 연령을 가리지 않고 다양한 스펙트럼을 한데 끌어안을 수 있는 공간이 '비움'이다. 비어 있기에 채워질 수 있는 공간으로서의 '비움'은 공간을 창립하고 이제까지 유지해온 '비움지기' 김성헌 대표의 평소 지론이자 인생철학이기도 하다. 김성헌 대표는 7년이 넘게 비움을 꾸려오면서 공공기관의 지원 없이 묵묵히 사재를 털어 모임을 이끌고 공간을 가꾸고 있다. 이런 노력의 이면에는 문화에 대한 남다른 진정성과 처음 품은 뜻을 훼손하지 않으려는 우직한 고집이 자리잡고 있다.

또 그림을 그리는 화가로서 철학과 인문학으로 관심의 지평을 넓히면서 영상을 공부한 김성헌 대표의 전력도 비움이라는 공간이 생겨나고 채워지는 방식과 닮았다. 대학 내부에서는 다양한 분과를 넘나들면서 만나고 교류하는 것이 쉽지 않은 상황에서 대학 밖에 위치한 비움이 그런 다양한 관심이 만나 교류하는 공간이 되기도 한다. 영화, 회화, 인문학 등 다양한 분야가 뒤섞이며 새로운 대안을 탐구하는 공간으로 오래 비워지고 채워지기를 기대한다.

백년어서원과 김수우 시인

매주 월요일 하나의 메일이 부산 시민들에게 배달된다. '백년어서원의 일주일 소식입니다' 라는 제목의 메일에는 마음을 평온하게 만드는 사진 한 장과 시 한 편과 함께 백년어서원의 강좌들과 모임 소식들이 요일별로 정리되어 있다. 손으로 쓴 편지에만 정갈함이 있는 것은 아니라는 것을 보여주는 메일은 백년어서원의 김수우 시인이 한 주 한 주 빠짐없이 보내주는 소식이다.

중앙동 40계단 주변에 위치한 백년어서원은 김수우 시인이 2009년 인문학을 통한 치유와 소통의 공간을 꿈꾸며 개소한 공간이다. 단순한 문학카페가 아니라 새로운 형태의 인문학운동을 펼치는 거점으로 가꾸겠다는 마음으로 열게 된 곳으로, 그야말로 부산에 부는 인문학 바람의 진원지라 할 수 있다. 특히 해운대 등 동부산권의 화려한 경제적 성장에 밀려 쇠락해가던 원도심에서, '어른을 위한 인문학 공간'으로의 성공적인 자리매김은 놀라운 성과이다.

'물고기가 사는 곳에 사람이 삽니다'

백년어서원에 들어가 보면 벽에 장식된 100마리 나무물고기상이 있다. 백년을 헤엄쳐갈, 백 마리의 나무물고기라는 뜻의 조각들은 서예가 윤석정 씨가 100년 된 시골집에서 버려진 나무자재로 깎은 것이다. 그 물고기상들에 글자를 새겨 하나하나 이름을 붙여 김수우 시인에게 주었다고 한다. 거기에 착안하여 시인께서 인문학은 바로 버려진 것, 소외된 것에 이름을 붙여주고 의미를 부여하는 것이라는 생각을 하게 되었다고 한다.

그렇게 백년어서원을 개소하게 되고 매월 인문학강좌등과 같은 다양한 강좌들과 스터디, 독서모임 등 많은 활동들을 하면서 인문학을 통한 치유, 소통을 통한 치유, 감동을 통한 치유를 실천해오고 있다. 2011년 발간된 시집 '젯밥과 화분'에서 그냥 지나치기 쉬운 뭇 생명을 보듬고 있는데 촘촘하고 따뜻한 언어는 시인의 인문학에 대한 생각과 맥을 같이 한다.

• 부산 중구 동광동4가 5-2　• blog.naver.com/100_fish

작가 김유리

2003년 TV를 뜨겁게 달군 드라마가 있다. 우여곡절 끝에 옥탑방에서 동거를 하게 된 두 남녀 사이에서 벌어지는 해프닝을 다룬 로맨스 드라마인 '옥탑방고양이'이다. 평균시청률이 30%가 넘어가는 높은 시청률을 자랑하는 이 작품은 드라마 종영 이후에도 그 인기에 힘입어 연극으로도 만들어지게 되었다. 이 '옥탑방고양이'의 원작 소설 작가 김유리는 현재 부산에서 1인출판사, 글쓰기 강좌, 프리라이터 등 다양한 창작활동들을 하고 있다.

그녀에게 지금 하고 있는 활동 중에 가장 가치 있는 활동을 꼽으라고 하면 글쓰기 수업이 단연 최우선으로 나온다. 수영구 남천동에 위치한 글쓰기 강습소 '탕파'에서 강좌를 운영하면서 그녀가 만나온 사람들은 글쓰기에 꿈을 품고 있지만 살아가는 동안 해볼 여력이 없었던 사람들이었다. 그들의 글쓰기를 통해 삶에의 진정성이 가득 담긴 이들의 글을 접한 김유리 작가는 글쓰기 수업이 기술을 가르치는 것 이상으로 '소통'의 의미를 지닌다는 것을 깨달았다. 그녀는 글쓰기가 이른바 가방 끈 긴 사람들의 전유물이라는 생각을 깨뜨리고, 창작을 하는 일이든 삶을 사는 일이든 모두 텍스트를 생산하는 활동으로서 자아를 발견하고 소통하는 행위가 되기를 추구한다. 그녀가 현재 진행 중인 활동 중에 〈탕파 프로젝트〉라고 하는, 자신이 쓴 글을 자신이 출판하고 유통하는 프로젝트가 있는데 이 역시도 그러한 차원에서 접근해볼 수 있을 듯 하다. 물론 그녀 자신도 전보다 더욱 왕성하게 창작활동에 임하고 있다. 장편소설 '큐브릭스'의 집필을 완료하고 시나리오와 소설도 계속 집필 중에 있다.

이러한 활동들을 부산에서 해 나가기가 쉽지 않을지도 모른다. 이에 대해 김유리 작가는 부산에서 공부하고 일하며 자리를 잡는 것이 중요하다고 말한다. 부산은 창작자들이 자립할 만한 터전의 기능을 충분히 하지 못하고 있다. 그래서 그녀 스스로 부산의 창작자로서 부산에서 충분한 기반을 마련해 나가기 위한 도전을 해나가는 중이다. 아이폰 영화 만들기, 책 판매와 야외 영화 상영을 함께하는 프리마켓 〈Moon〉 기획 등 더 많은 다양한 활동들을 해 나가고 있는 그녀는 오늘도 삶과 사람들과 열정적으로 만나고 있다.

곱고 맑은 영혼의 싱어송라이터, 김일두

"당신이 진심으로 원한다면 담배 뿐 아니라 ROCK N ROLL도 끊겠어요."
김일두의 '문제없어요' 中

음악으로 먹고살기란 결코 만만치 않은 일이다. 더군다나 대중적인 노래가 아닌 뚜렷한 색깔을 지닌 펑크 뮤지션으로서 살아가기 위해서는 각고의 노력뿐만 아니라 세파에 흔들림 없이 자신을 다독여나가는 우직한 힘이 필요하다. 노래하기에 열악한 부산에서 10년이 넘도록 활동해오면서도 자신의 음악적 정체성을 지켜온 싱어송라이터 김일두가 지역 인디 뮤지션들, 그리고 팬들로부터 꾸준하게 사랑받는 이유도 바로 우직한 삶의 태도에 있다.

김일두의 노래 가사나 음악에 대해서 많은 이들은 직선적이며, 자신의 삶의 순수함과 순진함 그리고 열정들이 녹아있다고 평한다. 아무런 사전 정보 없이 만나더라도 그가 노래 가사들 속 인물임을 알 수 있을 것이다. 순진해 보이는 순정, 순수해보이는 분노들이 담긴 그의 가사만큼 그의 말투나 행동들엔 음악을 향한 진심과 태도가 느껴지기 때문이다. 바로 이 음악적 정서와 태도가 열악한 지역의 상황에서도 꾸준히 버텨온 힘이 아닐까 생각된다. 〈문제 없어요 EP〉 앨범 리뷰에 남겨진 글들은 바로 그것을 대변한다.

"윈턱을 받히다가 그루브를 느낀다. 따뜻한 직선인간 김일두의 음악이다." (우중독보행-시인, 살롱 바다비 주인장), "나른한 통기타와 씨니컬한 목소리. 밥딜런 대신 지친 영혼의 허기를 달래줄 라면딜런." (캡틴락-크라잉넛 베이시스트 한경록), "미녀팬을 가질 수밖에 없는 완벽한 조건 - 쓸쓸한 목소리, 찰진 멜로디, 살아있는 가사, 그리고 펑크의 태도." (사이-모모씨 뮤직의 슈퍼 백수)

'Suspens', '난봉꾼들', 'Mamason' 밴드를 거쳐 현재 'Genius'와 그리고 솔로활동도 시작한 김일두는, 최근 컬렉션 앨범 〈곱고 맑은 영혼〉을 발매하는 등 부산의 또 다른 개성 넘치는 뮤지션들과 함께 지역 인디씬의 새로운 시대를 열어가고 있다. 비바람 부는 부산대학교 앞 길거리에서도 '노래하기 좋은 날씨입니다' 라며 즐겁게 통기타의 줄을 튕기던 김일두 씨. 부산의 펑크 뮤지션으로서 지역 인디씬을 지켜온 그가 들려줄 또 다른 음악이 벌써 기다려진다.

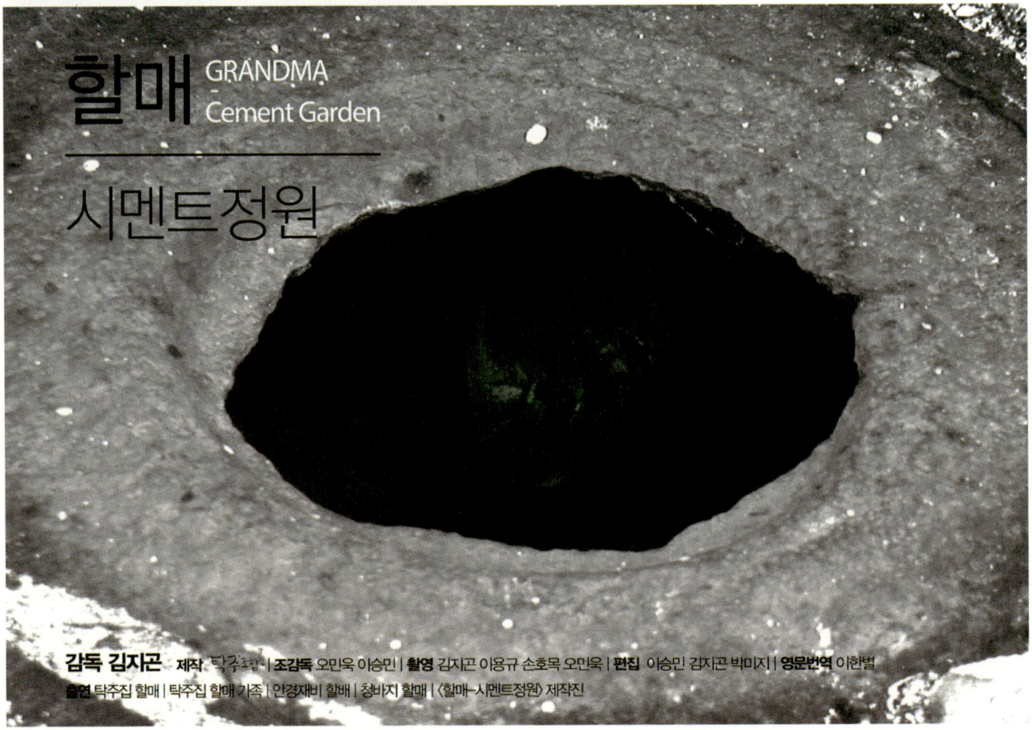

할매 GRANDMA
시멘트정원 Cement Garden

감독 김지곤 | **제작** 탁주깅 | **조감독** 오민욱 이승민 | **촬영** 김지곤 이용규 손호묵 오민욱 | **편집** 이승민 김지곤 박미지 | **영문번역** 이한별
출연 탁주집 할매 | 탁주집 할매 가족 | 안경재비 할배 | 청바지 할매 | 〈할매-시멘트정원〉 제작진

김지곤 독립영화감독과 부산독립영화협회

"부산 사람이니까 부산을 보여줘야 한다고 생각한다. 무엇을 정하고 가진 않는다. 중요한 건 '계속하는 것'이다"

영상을 통해 부산을, 사람 사는 모습을 보여주고자 하는 사람이 있다. 김지곤 독립영화감독은 지금은 사라져 버린 동시상영관 극장을 다룬 낯선꿈들(2008)을 시작해 길위에서 묻다(2009), 오후3시(2009) 등 주로 우리 주변에서 사라져 가는 것들을 소재로 다룬다. 산복도로에 사는 할머니들의 삶과 그 공간에 대한 이야기인 '할매'(2011년)는 부산독립영화제와 후쿠오카 독립영화제, 서울독립영화제에 소개되면서 산복도로 개발에 대한 시선을 환기시키고 있다. '할매'는 '할매-시멘트 정원'(2012), '월간 할매'(2013~)를 통해 그 이야기를 이어가고 있는데, 이를 통해 김지곤 감독은 우리 주변에서 일어나고 있는 일들을 한 면이 아닌, 숨어있는 다른 면도 보여주고자 한다. '할매'의 실제 주인공들과도 여전히 자주 만나는 그에게 '할매'들은 단순히 자신의 영화 주인공이 아닌, 이 시대를 함께 살며 삶을 나누는 '이웃'이기 때문이다.

김지곤 감독은 부산독립영화협회(이하 부독협)의 운영위원이자, 다큐멘터리 분과장이다. 부독협은 1999년 부산 지역에서 독립영화를 하는 사람들이 모여 문제점들을 이야기 하고 개선 방안을 논의하면서 시작되었다. 한국 사회에서 독립영화는 중앙이든 지역이든 힘들긴 마찬가지일 것이다. 그럼에도 영화 비평지 발간, 후쿠오카독립영화제 교류, 메이드인 부산독립영화제 개최, 지역에서 활동하는 젊은 감독들과 영화과 졸업생들에 대한 지원 등 부산독립영화의 환경을 개선하고 저변을 넓혀가고 있다. 현재 교육 프로그램 개설, 지원사업 신청 등 다양한 지원 체계와 방법을 고민 중이며, 지속가능하도록 '사단법인'을 추진 중이다. 물론 김지곤 감독도 여기에 적극적으로 참여하면서 부산독립영화의 힘이 되고 있다. 최근에는 '탁주' 조합이라는 영화사를 만들면서 더욱더 후배 양성과 지원에 노력하고 있다.

중학교 3학년 때 일본군 위안부관련 다큐멘터리를 보고 영화를 찍기로 결심한 김지곤 감독은 결과보다는 과정, 그 과정에서의 만남과 관계를 무엇보다 소중히 여긴다. 그래서 '오늘'은 '독립영화감독'이라는 김지곤 감독의 긴 삶의 한 과정이자, 무엇보다 빛나는 '순간'이 된다. 그 순간들이 모여 만들어낼 김지곤 감독의 작품. 그와 더불어 부산독립영화 현장에서 탄생될 부산 빛깔의 독립영화가 기다려진다.

• blog.naver.com/gonsmovie

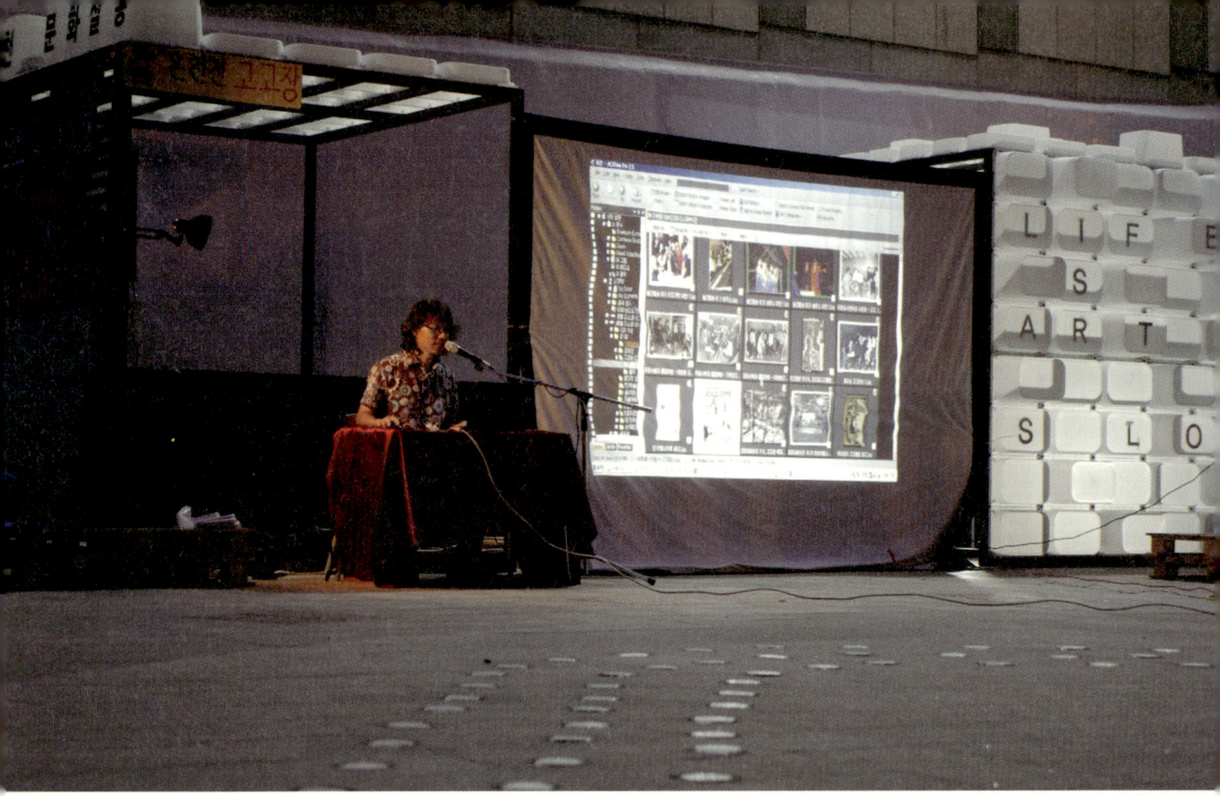
L I F E
S
A R T
S L O

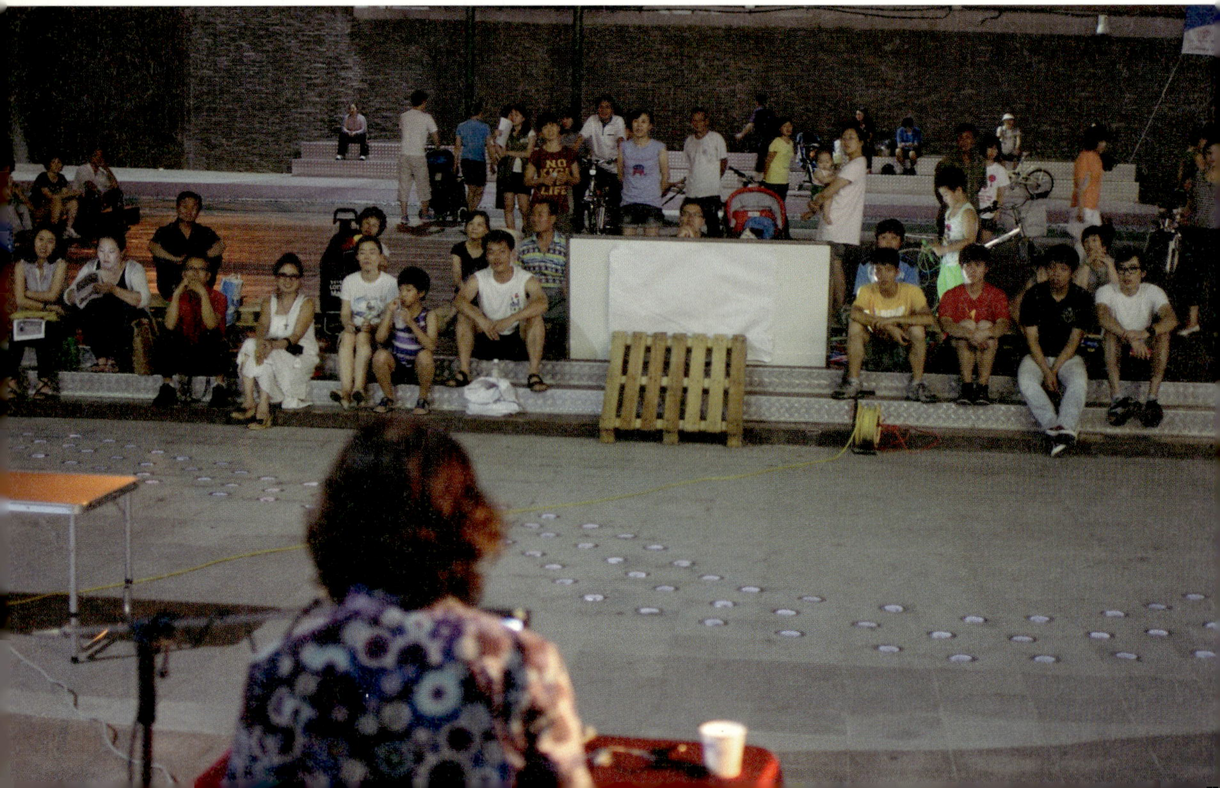

김형찬, 대중음악평론가

비주류 문화예술 쪽에서 활동하는 분들이 종종 이런 말을 한다. '가장 큰 문제 중의 하나는 우리들의 활동에 대해 평가해주는 이가 아무도 없다는 것.' 물론, 문화예술 활동이 반드시 외부의 평가를 필요로 하는 것은 아닐 것이다. 그렇지만 흔히 인터넷에서 하는 우스개 소리로 '악플보다 무플이 더 무섭다.' 라는 말처럼 비주류에서 일어나는 문화적 활동들에 대한 평가가 없다는 것은 사실 관심이 없다는 것과 마찬가지일 것이다. 더 나아가 어쩌면 그들의 활동이 예술이라기 보다는 단지 취미활동 정도, 혹은 비평할 가치조차 없는 수준 낮은 것들로 바라보고 있는 것은 아닐까?

그런 면에서 김형찬 대중음악평론가의 존재는 무척이나 소중하다. 심야음악방송청취와 음반수집, 통기타그룹 결성 등으로 음악에 빠져들면서 활동이 시작된 김형찬 평론가는, 이후 작곡 전공과 대학원에서는 음악이론 전공을 통해 본격적으로 평론가의 삶을 살기 시작한다. 궁극적으로는 음악학자로서 대중음악출판의 새 지평을 열어보고 싶은 포부를 지닌 그는 현재 너무 낮은 수준에 있는 한국대중음악분야의 출판을 한 단계 격상시키고 싶은 소망을 가지고 있다. 이를테면 1960년대 이후 시대별로 한국대중음악사를 심도 있게 다루는 '한국대중음악사', 김해송에서 서태지 까지 다뤄볼 수 있는 한국대중음악작곡가론 등 역사물 연작 시리즈에 대한 계획이 그러하다. 또한 대중음악자료집, 화보집, 영상연작물 등 멀티미디어를 최대한 활용하여 대중음악의 역동성을 드러낼 수 있는 계획도 가지고 있다고 한다. 그러한 연장선에 김형찬 평론가는 부산의 음악과 관련된 지역 음악사를 추적하기 위하여 부산으로 오게 되었다고 한다.

"... 1950년대 부산이 한국의 대중음악사에서 정말 중요한 역할을 했거든요. 음반사도 생기고 레코드 산업을 이끌었죠. 그러다 1960년 전쟁의 피해가 복구되고 서울로 집중화되면서 점점 힘을 잃었지만. 전 그때의 자료를 복원하고 싶어서 부산에 왔습니다. ..."

그런 그는 요즈음 부산의 청년문화예술인들과 같이 비주류 음악활동 현장을 돌아다니며 비평을 시작하였다. 부산의 인디뮤지션들이 공연을 하는 곳이라면 틀림없이 마주치는 김형찬 평론가는 부산에 와서 보니 워낙 비주류 활동에 대한 비평을 하는 사람이 없어 자신이 직접하게 되었다고 한다. 평론가로서의 적당한 거리를 유지하며 항상 끈을 놓지 않으면서도 젊은 예술인들과 끊임없이 이야길 나누는 그가 전해줄 부산의 음악이야기가 기대된다.

공유와 교류의 기획자, 류성효

"이거 정말 다 공개해도 되요? 이것만 있어도 기획서 여러 개 나오겠는데요. 이런 아이디어들도 기획자에겐 다 재산인데. 이렇게 막…"

얼마 전 류성효 기획자가 쓴 원고에 대한 물음이었다. 그 원고에는 아시아를 중심으로 하는 국제교류에 대한 다양한 정보들과 구체적인 진행방법들이 기술되어 있었다. 게다가 지금 당장 어디에 이 아이디어를 제출해도 쉽게 선정될만한 기획안 까지. 사실 문화예술관련 기획자들은 공개로 강의했던 자료들도 웬만해서는 쉽게 공개하지 않는다. 왜냐하면 지금과 같이 창조적인 생각들이 바로 정책이나 상품으로 만들어지는 시대에서 기획자들에게 있어 아이디어는 곧 지적 재산이기 때문이다. 그러하기에 사비를 써가며 축적해온 국제 인적 네트워크와 교류의 노하우 등의 상세한 내용들을 공개한다는 것은 어려운 일 중의 하나일 것인데, 류성효 기획자는 별 문제가 없다고 하는 것이다.

"괜찮아. 내가 하려는 건 더 공유되고 퍼져나가야 가능한 일이거든. 나 혼자 틀어쥐고 할 수 있는 게 아냐."

독립문화기획자로 알려진 류성효는 원래 미술전공자로 출발했다. 그 자신이 예술을 하는 사람으로서, 젊은 예술가들에 대한 우리 사회의 무관심에 안타까웠던 그는 여러 사람들과 함께 〈대안문화행동 재미난 복수〉를 만들게 된다. 이후 부산뿐만 아니라 전국을 돌며 다양한 문화예술 활동을 벌이고, 그 경험과 시간들로 부산지역 비주류 예술, 서브컬처의 중요한 거점인 독립문화공간 아지트를 동료들과 함께 주도적으로 만들어낸다. 그리고 2011 부산회춘프로젝트, 2012 청년문화수도를 통해 청년들, 그리고 청년문화에 대한 지역사회의 관심을 환기시켜내는 선구자의 역할을 해낸다.

여기까지가 주로 지역에 알려진 문화기획자 류성효의 프로필일 것이다. 그런데 류성효는 요즈음 다시 한 발짝 더 나아가며 지역에 새로운 교류의 장을 만들어내고 있다. 이미 몇 해 전부터 일본과 홍콩, 태국과 베트남 등을 오가며 아시아를 중심으로 하는 국제 네트워크를 조직해나가고 있다. 관련기관의 지원이나 혹은 기업으로부터의 지원이 있는 것이 아니라 순수 개인의 힘으로 주요 국가의 청년 예술가들을 엮어서 하나의 소통 창구를 만들어 내고 있는 것이다. 지금까지 항구도시, 국제도시 부산의 위상이 대부분 관광정책을 벗어나지 못했던 것에 비해 지금 류성효 기획자의 작업은 지역을 넘어 시민사회의 차원에서 국제 문화 교류의 도시로 만들어내는 일이다. 그가 앞으로 만들어갈 국제 교류가 기대된다.

서호빈 감독과 영화사 새삶

서호빈 감독은 고향 경주에서 부산으로 영화를 만들기 위해 왔다. 20대 초반 지금은 사라진 수영요트경기장의 시네마테크 강의에서 부산에서의 삶을 시작한 그는 이제는 영화사 '새삶'의 대표이자, 어엿한 영화감독으로서 그 입지를 확실히 다져가고 있다. 2009년 첫 번째 작품 〈오늘밤은 218호에서 시작되었다〉에서부터, 2010년 〈유령들〉 그리고 2011년 〈새 삶〉, 총 3개의 단편을 만들었고, 현재는 장편 〈못〉이 후반작업 중에 있다. 그와 오랫동안 함께해온 사람들은 시간이 지날수록 사람 서호빈과 감독 서호빈의 무늬가 점점 다르게 느껴진다고 한다. 20대 청년으로서의 패기가 일상에서 두드러진다면, 작품 속에서는 감독 마음의 깊이가 남다르게 느껴지기 때문이라고 한다. 예컨대, 〈유령들〉의 경우 두 명의 친구가 어떤 경계선을 넘는 이야기인데, 이 선이 감독에게는 무엇일까를 넘어, 관객들 각자에게도 무엇일까를 생각해 보도록 만든다는 것이다. 즉, 다양한 소재를 이용한 서호빈 감독의 작품에는 관객들이 생각할 수 있는 것들이 숨어 있어서 인상적이라는 평가를 받고 있다.

영화사 '새삶'은 2012년 만들어진 부산지역에 기반한 영화 제작사이다. 동서대 임권택영화예술대학 졸업생 및 재학생 4명이 함께 만들었다. 영화사 새삶은 만들어진 이래 2편의 장편영화를 제작하였는데, 첫 번째로 제작한 김병준감독의 〈개똥이〉는 2012년 부산국제영화제에 초청받아 상영하였고, 오는 9월 전국에서 상영될 예정이다. 그리고 서호빈감독이 연출한 '못'은 현재 촬영을 마치고, 후반작업 중이다. 또한 영화사 새삶은 영상제작도 함께 하고 있다. 영화사 새삶의 목표 중 하나는 서울이 아닌 부산에서 영화를 할 수 있는 여건을 만드는 것이다. 영화를 하려는 사람들이 대학을 졸업하면 대부분 서울로 가버리는 현실에서 이러한 목표는 지역의 요구와도 맞닿아 있는 지점이다. 영상도시로 발돋움하고 있는 부산에서 지역에 기반한 영화제작사가 흔치 않은 것이 아이러니인데, 이러한 상황에서 영화사 새삶의 존재가 영상도시부산에 새로운 삶을 가져다주지 않을까 예상해본다.

문화여행공간 직사각형과 심종석 대표

문화여행공간 '직사각형'의 대표인 심종석은 일 년에 반은 부산에서 그리고 나머지 반은 어딘가를 여행하고 있는 사람이다. 무엇을 하든지 즐겁고 행복하게 지금 하고 있는 일을 잘 해나가는 것이 중요하다 생각하는 심종석 대표는, 그 자신이 경험해온 여행의 묘미와 즐거움을 다양한 사람들과 공유하기 위하여 현재 문화여행공간 직사각형을 운영하고 있다.

원도심 창작공간 또따또가의 한 공간으로, 문화여행공간 직사각형은 여행자들이 머무르고 스쳐가는 공간인데, 심종석 대표가 여행 중에 인연을 맺게 되었던 사람들이나 일반적으로 쉽게 하기 힘든 여행을 다녀온 사람들이 여행의 경험과 정보를 나누는 강연을 개최하고 있다. 동시에 부산의 다양한 거점들을 여행하는 프로그램을 진행하고 있는데, 여행자로서의 심종석 대표가 부산여행을 진행하는 방식은 테마를 정하고 그 테마에 맞추어서 공간들을 느리게 살펴보는 것이다. 예컨대 원도심을 테마로 정하면 중앙동 일대와 자갈치시장, 용두산공원, 영도대교를 천천히 걸어서 둘러보면서 부산의 과거와 현재를 알아보고 느껴보게끔 한다. 프로그램에 참여해 보면 그가 다른 나라, 지역을 여행할 때 어떻게 해왔는지 짐작할 수 있을 것이다.

대학 노래패 출신들이 모여서 만든 '노래야 나오너라'를 시작으로, '노동문화예술단 일터'에서의 극단생활을 거쳐 지금은 문화여행공간 '직사각형'을 맡아서 운영하고 있는 심종석 대표는 폭넓게 지역문화에 관심과 애정을 가지고 있다. 부산사람들이 만드는 부산문화에 대한 어떤 의무감을 가지고 있다는 그가, 다방면의 활동들을 통해 지역 곳곳에서 만들어갈 문화의 향기가 기대된다.

창조도시 부산을 깨우다

부산의 스트릿 댄스와 양문창

예전에는 힙합이라 하면 불량스런 옷차림의 아이들이 히히덕 거리며 음침하게 즐기는 소수문화 정도로 생각하는 경향이 다분했다. 그러다 2000년대에 들어서 한국의 비보이들이 세계 대회를 휩쓸고 다니면서 비보이는 한국의 홍보 아이콘으로 칭송되었다. 그러나 다만 그 뿐이었다. 한국에서 비보이들은 이벤트 행사에 초대되어 멋지고 화려한 기술을 선보이는 신기한 대상으로만 인식될 뿐 그들의 삶의 방식과 문화에 대해서는 전혀 존중받지 못했다. 유행처럼 번지기 시작했던 비보이 열풍 이전부터 순수하게 춤에 대한 열정을 지녔던 청년들이 활동하고 있었다.

1990년 초반 댄스크루가 등장하고 이후 90년대 후반부터 주말 오후 용두산 공원, 옛 렛츠미화당 하늘공원, 사직운동장 등에서 거리 춤꾼들의 문화가 꽃을 피웠다. 누가 인정해주기 전부터 이루어졌던 자발적인 흐름으로 부산은 이미 한국 스트릿 댄스의 주요한 발상지 중 하나였다. 그러다 2000년대 중반 비보이를 사랑한 발레리나 등 뮤지컬의 흥행으로 수면 위로 부상한 듯 보였으나 상당수가 서울로 활동 무대를 옮겼고, 행사 소모품 정도로 이용하려는 몇몇 저열한 기획사들로 인하여 그 활발했던 움직임들이 많이 줄어들었다.

양문창은 바로 이 역사를 함께 해온 '사내' 다. 1985년 부산 출생으로 초등학교 시절부터 힙합문화를 즐기고 춤을 추며 살아온 부산의 대표적인 비보이다. 그동안 유행은 바뀌고 시간은 흘렀지만 그는 부산을 대표하는 비보이 크루 킬라몽키즈를 이끌며 변함없이 춤을 즐기고 있다. 현재는 스트릿 컬쳐 컴퍼니라는 슬로건을 쓰고 있는 킬라몽키즈는, 크루 내에 스트릿 댄스와 음악, 패션, 랩, 보컬, 사진, 영상, 디자인, 기획 등 다양한 문화 요소들이 적극 결합되면서 부산 비보이 현장의 지평을 넓히고 있다는 평을 받고 있다.

최근에는 여러 춤꾼들과 함께 전국 최초로 오직 길거리 파티로 비보이 배틀 '프리스타일 스웨거'를 마련하면서 전국 마니아들의 관심을 집중시키고 있다. 이러한 장을 마련하는 것에 대해 그는 스트릿 댄스의 초기 에너지를 춤추는 후배들과 함께 나누려는 맏형의 마음에서라고 한다. 힙합은 거창한 것이 아니라 삶의 방식이라 말하는 그가 부산의 청년들에게 보여줄 또 다른 길이 기대된다.

창조도시 부산을 깨우다

스카웨이커스와 이광혁

2011년 부산회춘프로젝트에서 진행된 〈비가오나 눈이오나 100일 릴레이 거리공연〉의 프로그램 매니저를 선정하는 일은 쉽지 않았다. 하루도 쉼 없이 행사를 만들어야 하는 것은 물론, 상당히 폭 넓게 지역 청년예술가들과 교류가 있어야 했으며, 계속해서 함께 할 예술인들을 적극적으로 찾아나서야 했기 때문이다. 인디밴드 웨이크업(스카웨이커스의 전 명칭)에서 활동하던 이광혁씨가 추천되었다. 그 자신이 인디밴드의 일원으로 예술가들에 대한 이해가 높고, 기획자로서도 뚜렷한 방향성을 지닌 그는 100일 동안 계속해서 발생했던 빈틈을 메우며, 예상보다도 더 다양한 지역의 청년예술가들을 모아내는 성과를 만들어내었다.

매번 즐겁게 웃으며, 잼베·드럼·통기타에서부터 음향 오퍼레이터까지 다재다능한 재능으로 길거리든 대안공간들이든, 혹은 잘 만들어진 무대 어디든 유감없이 자신의 음악적 색깔을 보여주는 이광혁씨는, 동시에 함께 하는 이들 속으로 잘 스며들어 가는 능력을 지닌 예술인이다. 그가 100일간의 릴레이 거리공연을 성공적으로 이끌어 올 수 있었던 이유도. 종종 다른 장르의 예술인들과도 부드럽게 협주가 가능한 이유도. 7~8명에 이르는 밴드 스카웨이커스를 오랜 시간 동안 탄탄하게 만들어 올 수 있었던 이유도 바로 어울림을 아는 예술가이기 때문일 것이다.

현재 그가 활동하고 있는 밴드 스카웨이커스도 부산에서 뚜렷한 자신들의 음악적 성향을 보여주는 동시에 지역사회와 적극적으로 어울리는 밴드이다. 자메이카에서 유래한 스카 리듬을 바탕으로 세대나 장소에 관계없이 어디서든, 모든 이들의 어깨를 들썩이게 하는 흥겨운 음악의 힘을 유감없이 보여주는 스카웨이커스는 희망버스, 탈핵집회, 반값등록금 등 다양한 사회 문제와 부당한 현실의 한 가운데에서, 음악으로 지역의 사람들과 연대하며 즐겁게 저항하고 있다. 최근 스카웨이커스는 부산대 인근 지역에 합주실 겸 공연장인 공간 '루츠'를 만들었다. 뿌리 – 근원이라는 의미를 지닌 루츠는 압제에 저항하는 민중적 공간을 지향하는 의미라 한다. 그렇게 이광혁씨, 그리고 스카웨이커스는 사람 그리고 지역사회 속으로 역동적으로 스며들고 있다.

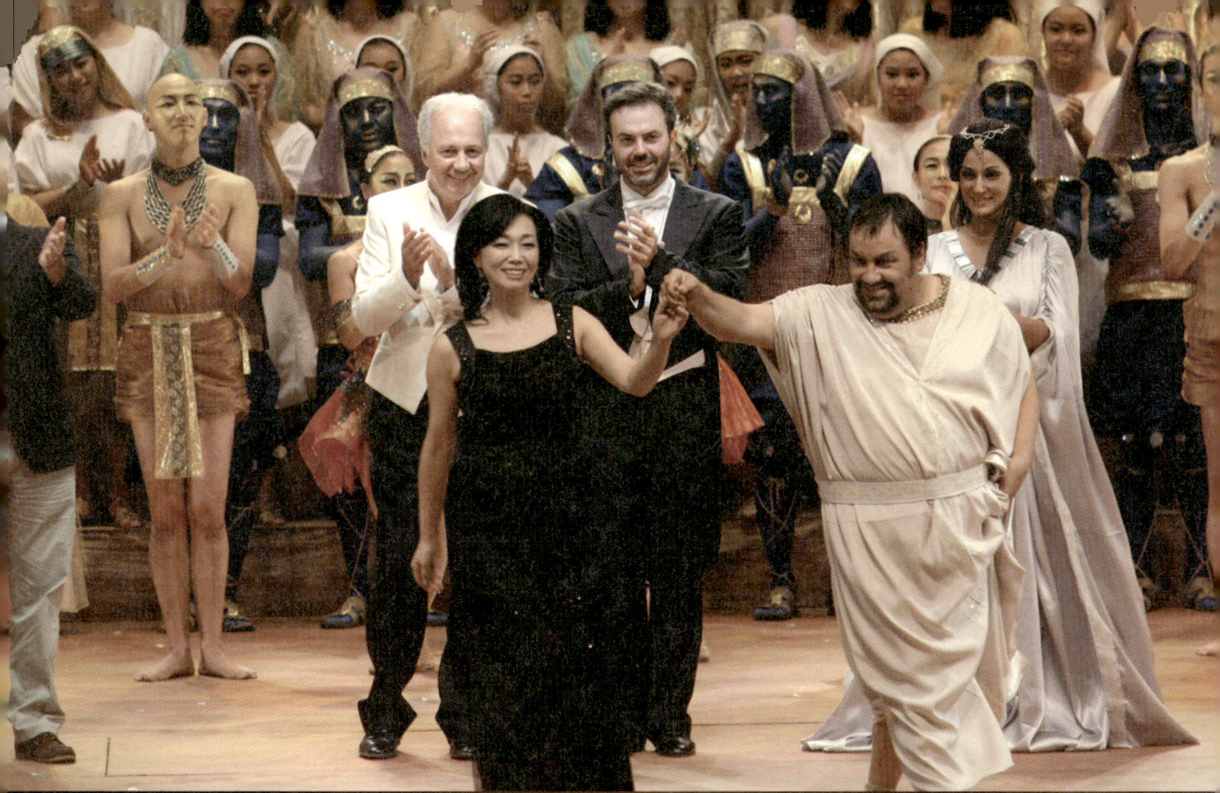

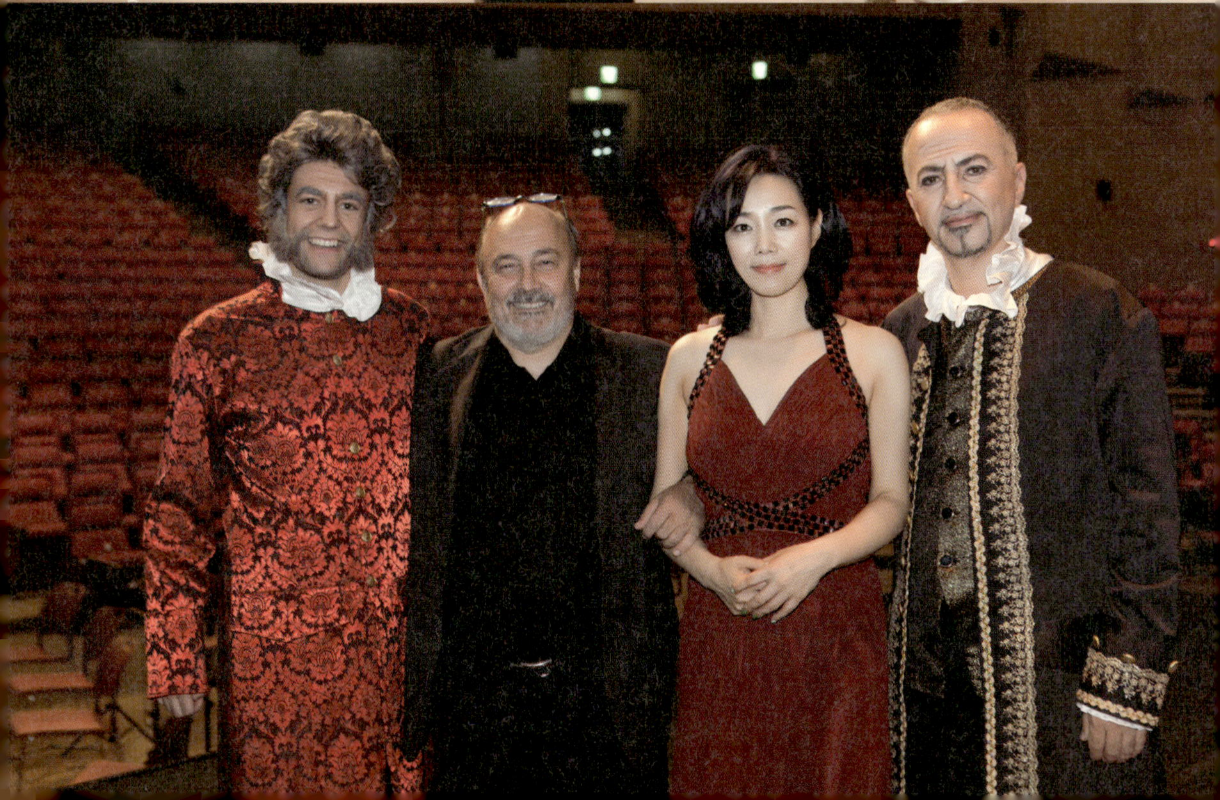

솔 오페라단 단장, 이소영

부산은 문화의 불모지라고들 한다. 도시의 규모에 비해, 다른 도시에 비해 공연, 전시회 등을 향유할 기회가 상대적으로 적어서 나오는 말이다. 그러나 좋은 공연이나 전시가 있다고 해도 직접 사보는 사람들이 없다면 기회가 많다고 해서 마냥 풍부한 것은 아니다. 그래서 불모지란 향유할 기회의 적음이 아니라, 오히려 지역에서 창조할 의지를 가진 사람이 떠나고 없는 도시로 생각해볼 필요가 있다.

오페라 전용관 하나 없는 부산에서 오페라 무대를 만들고 있는 사람들이 있다. 바로 솔 오페라단과 이를 이끄는 이소영 단장이다. 이소영 단장은 이탈리아 베로나 국립음악원에서 피아노과와 성악과를 모두 졸업하고, 오페라의 고장 이탈리아에서 오페라 전문 코치 수업을 받은 한국의 몇 안 되는 음악인이다. 그는 세계적인 야외 오페라극장이 많은 베르나에서 스칼라 극장이나 베네치아 극장 등의 무대를 보면서 공부했다. 이 단장은 스승의 한국 방문에 맞춰 한국에 있는 제자들이 '베르디 오페라 갈라 콘서트를 만드는데 리더 역할을 하게 되었고 이를 계기로 2005년 정식으로 솔 오페라단을 창단하게 된다.

이탈리아에서 키워왔던 상상력과 꿈을 한국 무대에 펼치고 싶었던 바람으로 '춘희(2005)', '라 보엠(2006)', '리골레토(2007)', '카르멘(2008)', '아이다(2008)', '춘향아춘향아(2008)', '투란도트(2009)', '나비부인(2011)', '라 트라비아타(2012) 등 꾸준하게 작품을 선보였다. 최근에는 기발한 상상력이 돋보이는 이탈리아산 창작오페라인 '산타클로스는 재판 중(2012)'을 국내에 첫 선을 보였다. 또 솔 오페라단은 "무대야 놀자"와 "FUN FUN한 콘서트"로 부산의 문화예술교육에 앞장서고 클래식 대중화에 힘써왔다. 특히 2010년 해운대 바다를 배경으로 한 야외오페라공연 '아이다'는 부산관객들에게 잊지 못할 무대였다.

오페라와 관련한 인프라와 기업의 메세나도 부족한 부산에서 이처럼 솔 오페라단과 이소영단장은 꾸준히 다양한 무대를 펼쳐왔다. 나아가 메이드 인 부산의 오페라를 만들고 관련 인력들이 타 지역이 아닌 부산에서 활동할 수 있도록 체계적인 교육 과정을 만들겠다는 포부를 지니고 있다. 솔 오페라단의 '솔'은 이탈리아어로 태양이라는 의미라고 한다. 창조적 멘토로서 이소영 단장이 품격 있는 오페라 무대를 만들고, 재능 있는 음악도들에게는 역량을 펼칠 수 있는 판을 만들어 시민과 예술인들에게 또 하나 중요한 문화예술의 볕이 되기를 기대한다.

● cafe.daum.net/solopera

팝핍바이러스 이정민

팝핀바이러스라는 춤꾼, 내피헤어스타일리스트이자, 타투이스트. 또한 하모니카연주자이자, 요리사이기도 한 이정민씨. 최근에는 동래구 명륜동에 까페 다룸(多ROOM)을 열면서 문화공간 운영자로서의 역할도 맡게 된 이정민씨는 과연 무엇이 되고 싶은 것일까.

 이정민씨는 아주 어렸을 때 마이클잭슨의 뮤직비디오의 문워크를 보고 춤판에 입문했고, 고등학생 때 롤라장에서 DJ를 하면서 스트릿댄스를 시작하였다고 한다. 이후 "Who Want the FUNK" 1:1 전국팝핀대회에서 우승을 했고, POP&LOCK 파이널 한국 최고의 팝핀댄서 16강 엔트리에도 들었다. 춤꾼으로서는 굉장한 이력을 가지고 있는 셈이라, 좀 더 넓은 무대를 꿈꾸었을 법도 한데, 아직 이정민씨는 부산에서 춤을 춘다. 이에 대해 그는 부산을 지키고 싶었다고 이야기하고, 사람들이 부산으로 공연을 보러 올 수 있도록 만들고 싶다고 한다.

 락, 트로트, 국악 등 음악적 장르에 관계없이. 화려한 공연장이든 길거리이든, 혹은 사회복지관이든 대안문화공간이든 무대에 상관없이. 언제나 그 시간, 그 장소에서 가장 잘 어울리는 공연을 선보이는 이정민씨는 죽을 때까지 춤을 추는 스스로 상상한다고 하면서 계속해서 다양한 춤의 방식들을 만들어 가고 있다. 이는 격하게 몸을 쓰는 직업이니만큼 체력에 한계를 느끼는 시점이 있을 것이라는 보통의 고정관념들에 대한 그 나름의 저항인 것이다.

 최근 이정민씨는 다양한 시도들을 시작했다. 하모니카를 연습하면서 춤이 아닌 음악공연을 하기도 하고, 사람들이 많이 모이는 행사에서는 적극적으로 요리 솜씨를 발휘하기도 한다. 때로는 프리마켓이 펼쳐지는 야외공간에서 내피헤어를 만들며 지나는 시민들에게 진풍경을 보이기도 한다. 이처럼 다양한 시도를 벌이면서 누구도 쉽사리 가기 힘든 삶의 길들을 묵묵히 걸어가고 있는 춤꾼 이정민. 앞으로 계속될 그의 새로운 도전이 지역에 더 큰 자극이 될 것을 믿어 의심치 않는다.

장현정 대표와 호밀밭 출판사

장현정 대표는 '덤벼라', 라는 말과 가장 잘 어울리는 사람이다. 그것도 가장 비폭력적으로. 그는 언제나 유쾌하게 세상을 향해, 기득권을 향해 덤벼온 사람이다. 20대에는 누구보다 더 세상을 향해 소리쳤었고, 30대에는 깊고 뜨거운 언어들로 세상에 작은 균열을 내고 있다. 시인이자 수필가, 로커(그는 갈매기공화국을 만들어 낸 인디밴드 ANN의 보컬출신이다), 사회학강사, 1인 출판사, 부산 노리단 공동대표, 문화기획자 등의 다양한 이력들을 보면 그는 정말 다양한 방법으로 세상이 원하는 길이 아닌 다른 길을 살아가며 세상이 세워놓은 질서와 맞서고 있다.

다양한 이력들이 있지만 무엇보다 그를 빛나게 하는 것은 부산에서 만들어가고 있는 호밀밭 출판사 운영일 것이다. 대형 서점부터 시작해서 출판사가 망해가는 시점, 더군다나 작은 규모의 지역 출판사들은 버티기 어려운 상황임에도 움츠려 들지 않고 지역에서 1인 출판사 호밀밭을 운영하며 꾸준히 책을 내고 있다. 뿐만 아니라 자신 또한 〈소년의 철학〉, 〈록킹소사이어티〉 등의 책을 저술하며 그 스스로의 경험과 앎을 바탕으로 청년들에게 세상에 맞서는 방법을 알려주고 있다. 예컨대, 최근 출간된 장현정의 〈록킹소사이어티〉는 독자들에게 끊임없이 흔들리고, 주저 없이 좌충우돌하고, 밑도 끝도 없이 찢고 까불고, 멋지게 저항하라 말한다. 밥 말리, 존 레논, 마돈나, 신중현, 들국화, 밥 딜런 등 야성 가득한 록음악을 들려주며 익숙한 것들을 버리고 자신의 힘으로 세상을 바라보고 일탈하고 반항하며 많은 함정에 빠져보라며 청년들에게 당부하는 것이다.

장현정 대표는 사회를 변하게 하고, 환경을 바꾸고, 마침내 나 자신을 변화시키는 가장 큰 힘이 책에서 나오는 것이라 믿는다 한다. 그래서 좋은 책을 만드는 일은 황무지 위에 한 알 한 알 씨앗을 뿌리는 일과 같기 때문에 출판사를 시작했다고 한다. 단순히 책이라는 상품을 생산하는 출판사가 아니라, '세상 모든 것에 감탄하는 지혜로운 사람들의 공간'으로서 호밀밭이 앞으로 새겨나갈 다양한 무늬 들이 기대된다.

• www.homilbooks.com

일상 공간 속의 프리마켓
아마존과 전혜정 대표

지역에서 안타까운 일 중의 하나는 여성 문화예술 기획자들이 드물다는 것이다. 비단 문화예술 행사를 만들고 이끌어나가는 현장뿐만 아니라, 자문회의나 세미나 등에서 마주치는 문화예술계 리더급의 인물들에도 여성은 거의 찾아보기 힘들다. 일반적으로 유리천장과 같이 성차별 문제로 보기에는 특수한 상황과 분야이긴 하지만, 분명 이 또한 현재 지역 문화예술현장이 가진 문제 일 것이다. 프리마켓 아마존을 이끌고 있으면서 지역 문화현장에 적극적으로 결합하는 문화기획자, 전혜정 대표가 더욱 소중한 이유다.

부산대역 3번출구 아래 온천천에서는 매주 일요일 단추, 병마개, 아이스크림 막대 등 일상의 다양한 소재로 만든 공예품이나 뜨개질, 일러스트 엽서, 캐러커쳐 등 다양하면서도 친근한 예술품을 만날 수 있는 마켓, 부대프리마켓 아마존이 열린다. 야외 공간인 온천천에서 펼쳐지는 수공예 마켓은 정형미술에서 벗어나 생활 소재를 바탕으로 하는 예술활동을 통해 일상과 보다 가까운 곳에서 예술을 창작하고 접할 수 있다는 점에서 생활예술의 주목할 만한 형태이다. 기성품 등이 뒤섞이는 단순한 난장이 아닌 순수 창작물만을 발표하는 공간으로 공들여 가꿔온 '아마존'은 그 만큼 창작자들에게도 시민들에게도 중요한 만남의 장소가 된다. 특정한 시간 동일한 장소에서 열리는 시장은 문화적인 의미가 있다. 한 장소에서 지속적으로 이루어지는 문화활동은 그 공간의 이미지를 바꿔내는 일이기도 하기 때문이다. 아마존의 지속적인 활동 덕분에 부산대 지하철역 아래 온천천은 단순한 생활공간을 넘어 문화공간이라는 인식이 자리를 잡아가고 있다.

진정으로 스스로가 원하는 일을 하기 위해 잘 다니던 직장을 그만두고, 부산대 거리에서 수공예 가게를 열었다던 전혜정 대표는 누구도 쉽사리 보여주기 힘든 끈기와 노력으로 2010년부터 꾸준히 매주 일요일 마다 프리마켓을 이끌고 있다. 맏언니처럼 꼼꼼함과 섬세함으로 젊은 예술인들을 다독여가며 마켓을 이어나가고 있는 그녀는 인디음악이나 댄서 등 타 예술 장르와의 교류와 협업도 기획하면서 프리마켓을 풍성하게 만들어 가고 있다. 전혜정 대표가 지역 문화현장에 불어넣고 있는 세심하고 부드러운 문화적 소통에 주목할 때이다.

• cafe.naver.com/amazon0707

창조도시 부산을 깨무다

차재근 그리고
문화소통단체 숨

일 년에 두 달은 새로운 것들로 머릿속을 채울 수 있도록 여행을 떠나는 그런 사람. 웬만해선 따라올 수 없는 당당함과 범상치 않은 옷차림으로 주변을 압도해버리는 그런 사람. 아마 누구라도 그를 한번 보면, 무슨 일을 하는 사람일까 궁금해질 것이다. 중학생 때 이후로 집에서 용돈을 타 본적이 없이 스스로 자립해서 살아온 그는 특이하다기 보다는 특별한 삶을 살고 있다. 20대에 부산에서 처음 프리마켓을 시작했고, 그 활동을 바탕으로 현재 문화소통단체 숨을 이끌고 있는 차재근 대표이다. 그는 자신의 삶 처럼 예술인들도 어딘가로 부터 얽매이지 않고 자유롭게 자립하여 살아가길 꿈꾼다.

오랜 시간 지역 문화예술현장에서 활동해왔으며, 그 구조와 생리를 잘 아는 차재근 대표는 문화예술에 대한 지원의 절차나 형식에서 창작의 자유로움이 보장이 될 때, 더 나은 방향으로 나아갈 수 있을 것이라 말한다. 그래서 그 자신이 스스로, 행정이나 정산 등 예술인들이 버거워하는 일들을 도맡아 진행하면서 젊은 예술인들을 이끌어 왔다. 또한 지역의 문화예술 현장에서 앞서서 활동해 오고 있는 선배들과 진입하는 후배들의 교두보로서의 실천도 꾸준히 해오고 있다. 현재 차재근 대표가 운영하는 문화소통단체 숨 또한 부산에서 활동하던 독립기획자와 의욕적인 젊은 작가들이 열악한 문화환경의 개선을 위해 꾸려진 순수 비영리 단체이다. 소속 B-boy팀인 'KILLA MONKEEZ CREW'를 중심으로 다양한 스트릿 댄스 및 넌버벌공연(힙합고 D반)과 창작컨텐츠를 제작하고 있으며, 레지던스사업을 진행하고 있다.

최근 비보이 등 부산의 젊은 예술인들과 함께 진행한 아시아버스킹투어는 차재근 대표의 새로운 실험이었다. 예술적 재능을 가진 젊은이들이 배낭여행을 통해 부산의 문화를 알리고 참가자 모두가 현지 숙소에서부터 일정을 같이 만들어 나감으로서 스스로 해외여행의 즐거움을 찾기 위한 실험적인 해외 투어였다. 이처럼 매번 새로운 자극과 창조적인 실험으로 문화예술 현장을 누비는 차재근 대표가 만들어낼 다음 실험이 기다려진다.

창조도시 부산을 깨우다

국악으로 노닐자,
젊은 풍류와 최경철

주말 TV에서 방영되는 국악과 관련된 프로그램을 보다 보면, 국악은 굉장히 지루한 것으로 느껴질 때가 많다. 특히나 교육 현장 등에서 일반적으로 접하게 되는 국악은 재미없다는 편견으로 이어지기 일쑤다. 그런 이들에게 '젊은 풍류'의 음악은 전통음악의 응축된 유쾌함과 아련한 서글픔을 자유롭게 풀어내어 국악의 매력에 대해 다시 생각해보게끔 한다.

젊은 풍류는 2008년 창단한 국악창작집단이다. '젊은풍류'의 리더이자 대표인 최경철은 그 자신이 가야금, 거문고 등 국악기에 능수능란한 연주자이자 국악 작곡자로서의 뛰어난 재능을 가지고, 동료들과 함께 국악의 진면모를 보여주고 있다. 젊은풍류의 첫 번째 공연이었던 '예인! 신윤복과 김홍도의 그림 밖을 뛰쳐나오다!'에서 신윤복과 김홍도의 그림과 연계한 국악 공연 이후 '고려가요', '향가' 등을 바탕으로 진행해온 젊은풍류의 공연들은 전통의 창조적인 재해석은 물론, 국악이 지닌 다채로운 감성을 보여줌으로서 관객들에게 높은 평가를 받고 있다.

매번 최경철 대표는 연주 전후, 관객들에게 국악에 대해 알려준다. 음악이 어떻게 자연과 우주 그리고 인간에게서 공명하는지, 그로부터 전해지는 감성을 어떻게 느끼면 되는지에 대한 최경철 대표의 설명은 딱딱한 국악 교육이 아니라, 주위의 소리와 함께 노니는 즐거운 몸짓이다. 이처럼 국악창작집단으로서의 '젊은풍류'는 전통음악의 바람직한 전승과 보존 그리고 국악의 현대화와 대중화 작업에 중점을 두면서 활동을 하고 있다. 그래서 창작곡 등을 발표하는 기획공연 외에도 곳곳의 문화현장과 대안공간 등과 협력하여 국악의 매력을 알리는 공연을 진행하고 있다. 대중들과 만나기 위한 고민 속에서도 국악의 근본적인 정신에 충실하기 위해 애를 쓰는 젊은풍류. 우리 가락으로 세상과 소통하고 있는 그들의 공연에 함께 해보는 건 어떨까.

홍기표와 아우라지

지난 3월 2일, 아우라지(AURAGE)에서 진행하는 공연인 'ALIVE'가 생활기획공간 통에서 열렸다. '두 갈래의 물줄기가 한 곳에서 만나 어우러진다.'라는 뜻의 아우라지는 관객과 MC, 그대와 내가 하나 될 수 있는 공연문화를 만들어가기 위해 2007년 결성된 힙합 크루이다. 음악, 기획, 영상 등의 다양한 활동은 물론, 꾸준히 기획공연 ALIVE를 만들어 내면서 지역 힙합씬을 이끌고 있다. 이러한 아우라지에서 진행하는 공연이 어쩐 일로 작은 공간에서 진행되었을까? 이에 대해 아우라지의 대표 홍기표는 관객과 진정으로 소통할 수 있는 공연을 종종 만들어보고 싶기 때문이라 했다. 가까이에서 관객들의 숨소리를 느끼고, 생생한 표정까지도 볼 수 있는 작은 공간에서의 공연들이 바로 그것이다.

홍기표 대표는 2002년부터 힙합음악과 관련된 활동을 꾸준히 이어오고 있다. 홍기표가 꿈꾸었던 것은 힙합음악을 비롯하여 부산의 문화를 드러낼 수 있는 다양한 통로를 만드는 것인데, 그의 그러한 바람이 아우라지로 나타나고 있다. 그래서 아우라지는 다양한 힙합 뮤지션뿐만 아니라 기획, 디자인, 영상, 오퍼레이터 등 서로 다른 분야의 구성원들이 함께 꾸려가고 있으며, 청소년들의 놀이문화를 위한 공간 포츈팩토리(보드게임방)도 운영하고 있다. ALIVE 공연을 통해 지속적으로 관객들과의 호흡을 맞추는 일은 물론, 아우라지 소속 크루들의 새 음반 또한 쉼 없이 꾸준히 발매되고 있다는 사실은 뮤지션의 집합체로서 아우라지의 지속가능성을 보여준다.

이러한 움직임 속에서 홍기표 대표가 중요시 하는 것은, 자생 가능한 로컬 음악씬을 구축하는 것이다. 이와 관련해서, 많은 문화프로젝트들이 지원금을 바탕으로 만들어지고 진행되는 것에 대한 한계를 지적하고 있다. 자체 수익구조를 가지지 못하면 이는 활동 자체를 포기해야하는 순간이 닥칠 위협도 함께 가지고 있는 것이다. 그들이 현재 운영 중인 포츈팩토리의 사례에서 이러한 구조를 극복하기 위해서 애쓰고 있는 흔적을 찾을 수 있다. 부산의 문화를 관통할 수 있는 다양한 시도들을 준비하고 있는 홍기표의 걸음이 기대된다.

• club.cyworld.com/aurage

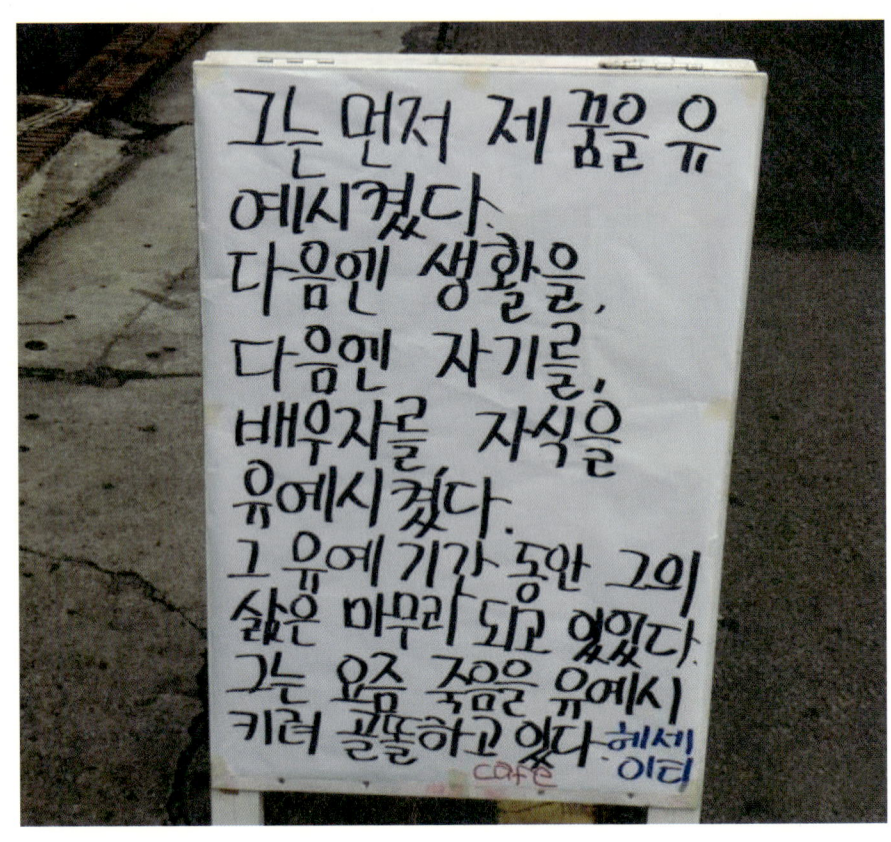

지금 여기에서(헤세이티) 질문을 던지는 황경민

부산대 상권이 밀집된 골목에 어느 날부터 이상한 자보가 매일 걸리고 있다. 때로는 대학생을 질책하기도 하고, 닭장 속에 갇힌 갑갑함을 공감하기도 하고, 벗어나야 한다고 선동하기도 하는 그리 친절하지 않은 투박한 말들이 매일 내걸린다. 하나하나의 정세보다는 정치권의 움직임에 놀아나지 않아야 한다고도 하고, 스스로를 전문가네 예술가네 하고 떠드는 사람들에게 출입금지 경고를 날리기도 한다. 스스로 질문을 던지는 사람을 길러내지 못하는 공교육의 시스템과 골목상권을 집어 삼키는 자본의 구조적 모순을 환기하는 등 매일매일 불편한 언어로 질문을 던지는 곳은 바로 인문카페 헤세이타다.

2010년 자본의 문법이 판치는 대학 상권에 인문학의 진지를 구축하자며 문을 열었던 헤세이티는 1년여 만에 운영난 등의 문제로 문을 닫았다. 김영민 철학자와 함께 공부를 했던 '장미와 주판'의 맴버들이 주축이 되어 운영을 했던 헤세이티의 안타까운 소식을 들은 또 다른 동학들이 강원도와 서울에서 운영을 자청하고 나서 2012년 4월 재오픈하게 되었다. 이전 헤세이티에서 해왔던 인문강좌와 프로그램들을 이어받으면서도 달라진 점이 있다면 인문학의 문턱을 낮추기 위한 참신한 운영이다.

가게 입구에 매일 불편한 질문을 던지는 자보를 쓰고, 그것을 페이스북을 통해 공유해가다 보니 다양한 팬들이 생겼고 자보에 따라서는 몇 만 명이 보기도 하는 등 반향을 일으키고 있다. 지역의 문화예술잡지에 자보가 소개되기도 하고 자보를 모아 책으로 출간하는 계약이 이루어지기도 했다. 또 스스로를 인문학자가 아닌 종업원으로 소개하면서 상시 음주 가능한 공간으로 탈바꿈시킨 것도 인문 공간을 더 편하게 느끼게 했다. 이런 변화를 이끈 사람이 바로 직접 자보를 쓰고 있는 장본인이기도 한 자칭 헤세이티의 종업원 황경민씨다.

영도에서 태어난 그는 학업으로 서울에 가서 방송작가, 공동체 활동가 등 다양한 활동을 하다가 부산에서의 인문 공간이 사라지는 것을 안타깝게 생각해 25년만에 부산에 돌아왔다. 불법무단사설야매시인학교, 헤로인(헤세이티에서노니는 인간), 다양한 인문사회 관련 자발적 책 읽기 모임 해독계 등을 통해 인문학의 현장성과 소통에 주목한 활동들을 펼치고 있다. 게다가 인근의 문화예술 단체들과 교류하면서 기발한 공연을 열기도 하는 등 인문활동을 전방위적으로 연결하고 있다. 자보를 통해 던지는 조롱과 시비거는 듯한 말투에도 불구하고 관심을 가지는 사람들이 꾸준히 늘어나고 있는 것은 현상을 읽어내는 세심함과 정치, 경제, 학업, 취업, 환경, 생태 등 살아가는데 필요한 다양한 공백을 읽어내는 진정성 때문이다. 대학생들에게는 시인의 감수성을 가진 삼촌이, 어른들에게는 끊임없이 꼰대의 기질을 버리고 다시 사회를 고민하자고 제안하는 빡빡머리를 한 종업원을 보면 능청스럽고 예리한 말뚝이나 걸쭉한 욕이 서비스가 되는 욕쟁이 할매가 떠오른다.

• blog.naver.com/in_haecceity

창조도시 부산을 깨우다
99가지로 만나는 부산의 재미

기획/창조도시포럼 · 신라대학교 부산학센터
집필/김아령 김혜린 박진명 송교성
초판/2013년 5월 27일
펴낸곳/신라대학교 출판부
펴낸이/박태학
디자인/스토리진 storyzine.com
등록/1994년 4월 29일(제339-3390002510019940000001호)
주소/617-736 부산광역시 사상구 백양대로 700번길 140
전화/051-999-5000, 5192
팩스/051-999-5800, 5264
전자우편/busan_c@silla.ac.kr
ISBN/978-89-6448-042-7 03090

* 이 책에 실린 글과 이미지는 신라대학교 부산학센터의
  허락없이 사용할 수 없습니다.